中青年经济与管理学者文库

本书受到作者主持的国家自然科学基金青年项目（会计师事务所异质性对财务重述的影响研究——基于媒介环境的调节效应分析，项目编号：71502138）的资助。

会计师事务所—客户关系与财务重述

马 晨 著

中国财经出版传媒集团
中国财政经济出版社

图书在版编目（CIP）数据

会计师事务所—客户关系与财务重述/马晨著.—北京：
中国财政经济出版社，2018.12
（中青年经济与管理学者文库）
ISBN 978-7-5095-8639-6

Ⅰ.①会…　Ⅱ.①马…　Ⅲ.①会计师事务所-商业服务-研究-中国 ②会计师事务所-财务管理-研究-中国
Ⅳ.①F233.2

中国版本图书馆CIP数据核字（2018）第259817号

责任编辑：王丽等　　　　责任校对：黄亚青

中国财政经济出版社 出版
URL：http：//ckfz.cfeph.cn
E-mail：cfeph@cfeph.cn

社址：北京市海淀区阜成路甲28号　邮政编码：100142
营销中心电话：010-88191537
天猫网店：中国财政经济出版社旗舰店
网址：https：//zgczjjcbs.tmall.com
北京财经印刷厂印刷　各地新华书店经销
880×1230毫米　32开　5印张　120 000字
2018年12月第1版　2018年12月北京第1次印刷
定价：30.00元
ISBN 978-7-5095-8639-6
（图书出现印装问题，本社负责调换）
本社质量投诉电话：010-88190744
打击盗版举报热线：010-88191661　QQ：2242791300

策划人语

题记：一个人的精神成长史，取决于他的阅读史。只有阅读能最有效地培养精神生活习惯，而好的习惯又培养性格，性格决定人生。

——我们自豪，因为我们就是创造这精神产品的人。

选择了飞翔，总能看到蓝天；选择了远航，总能感受大海。人生不仅要作出选择，也要坚持住自己的选择。学会计、当编辑是我的意外选择。人说编辑是为人做嫁衣，可是这一选择我坚持了27年，苦在其中，乐在其中，也算是有声有色。每当我把一本本好书呈献给人们的时候，我觉得我是“富贵”的人：富，不是你身上的钱财，而是你心里的满足；贵，不是你地位的显赫，而是你被人需要的程度。

书海探寻，情怀永恒

我要说，做编辑我幸运，因为我不仅是第一个读者，可以对作品“品头论足”，也可以对作品“生杀予夺”；更重要的是，这是一个很高层次的平台，在多年与名家的交往和名著的“对话”中，深深地为他们的人格和才学所感动，被作品的精彩所吸引，这不仅使我“下笔如有神”，更使我的思想和灵魂也受到一次次洗礼和震撼，得到一次次升华。对于我的作者我的书，如数家珍，作者中不乏才学和为人同样过人的多位泰斗和“颜值高责任大”的众多才子佳人；策划的作品不仅立足专业还兼顾人文，也是情怀所在，专业加人文路才会更宽。

多年的体会是，作为一名编辑，起码要“三心二意”，即“责任心、细心、耐心”和“服务意识、创新意识”。要多策划一些有分量的拳头产品，用一个选题推动一个系统工程，用一个系统工程培养一个出版社品牌。给新入职编辑讲座时我做过一个比喻：编辑两项基本功，审稿——甚至要比博导审批学生论文还要全面、细致；选题策划——要像电影导演一样做“星探”，善于发现优秀作者和挖掘好的原创作品。记不得27年来我策划和编辑了多少书，组织和策划了一大批教材、业务培训用书、通俗读物、理论专著等，有的获得过国家、省部级各类奖项，有的以其填补空白、社会热点、风格新颖、开拓尝试等特点受到读者的欢迎。20世纪90年代我开始自主策划选题，多年来每年都有新丛书问世。比如，21世纪初内部控制研究在国内刚兴起时，策划了《现代内部控制丛书》，其中《企业内部控制管理操作手册》是我鼓励作者将自己饱含心血的经过长期钻研和实践并证明卓有成效的成果奉献付梓，使得更多的人能受益于此，这无疑是对我国内部控制理论探索和实践发展的一种贡献，内部控制选题至今还是热点。2013年的《来去无尘——一位财政部长的生前事》所展现的吴波精神，与深入推进党风廉政建设相得益彰，得到中央领导同志的高度重视和重要批示。中央各大主流媒体纷纷连续报道，掀起了全社会学习吴波高尚情操的热潮。2014年至今的前沿选题《财务云丛书》等也越来越受到业界认可。

想是问题，做是答案

众所周知，目前的图书出版业在行业竞争和纸质图书受到严重冲击的情况下，出版人无不感到莫大的危机。在这种背景下，策划一套专业图书是颇感困惑的一件事，风险更大。但即使这样我们也不能因噎废食、停滞不前，还要积极应对，继续发挥纸质图书的固有特质，挖掘出版内容和形式都精彩的原创作品，适应新形势下读者的更高需求。2017年，我们接受新的挑战，开启新的征程，又策划《中青年经济与管理学者文库》《当代税收名家丛书》《中国税务律师系列丛书》《现代管理实务丛书》《高等院校应用型会计人才精细化培养系列教材》等，继续为扶持学术研究和总结最新成果，在高端研究与专业知识普及和应用之间搭建一座座有益的桥梁。

每一个时代的经济环境不同，理论研究和实务探索所需要解决的问题也有所差别。当前我国不仅处于经济结构调整和供给侧改革的攻坚期，同时也处于大数据和互联网突飞猛进的变革期，矛盾叠加，风险交汇，市场环境和组织模式不断演变发展、推陈出新，经济、管理、财税等领域的新理论、新思想、新方法、新工具也层出不穷。乱花渐欲迷人眼，击水三千浪几何？这些领域的研究人员被时代赋予了更艰巨的责任，也面临着更高、更多元的要求，我们不仅要具备更广阔的学术视野，而且要有更严谨的学术思维。

输在犹豫，赢在行动

《中青年经济与管理学者文库》的作者，都是我国经济与管理领域的中坚力量，也是未来的大家。他们中有些人潜心从事理论研究，有些人则深耕在实务一线，但无论现实身份如何，视野全都没有被拘泥在“象牙塔”内。他们从不同视角对市场经济的不同要素进行细致审视，然后汇聚于“财经版”这面旗帜之下，相互碰撞，彼此激荡，力求在市场经济转型升级的关键时期留下最新鲜的“中国印记”。

这些经济与管理领域的中青年学者，就是我国市场经济发展的潜力与优势，他们的研究成果，不仅将引领市场经济的各个组成环节向更科学、更先进的方向发展，而且将成为我国政府和企业在未来经济世界扮演更重要角色的支点与动力。祝愿这些中青年学者能攀上更高的学术之山，走向更远的研究之路，也期待宏观、中观、微观各个层面的市场参与者都能从这套文库中得到切实的启发与指引，在全面深化改革、增强发展活力的关键时期，发挥正能量和积极作用，为经济社会发展增添新的动力！

如果您认可，如果您有意愿，欢迎您和您的朋友加盟我们的作者队伍！在中国财经出版传媒集团的“旗舰”下，中国财政经济出版社这“老字号”，一定励精图治，谱写新的篇章。我们用“龙的精神，玉的品质”来助力您实现梦想！

策划人：樊清玉

邮箱：qingyuf@ sina. com

2017 年春

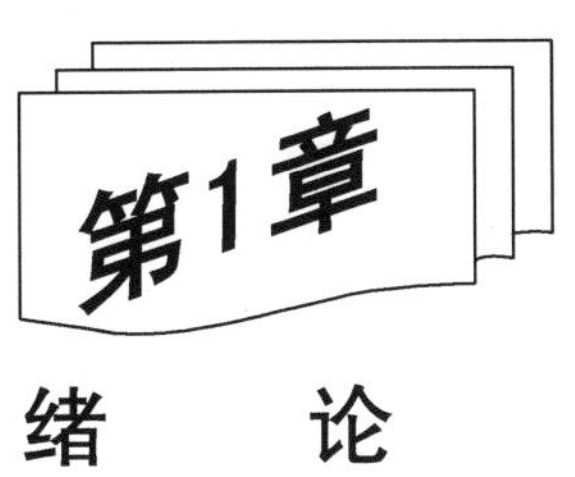

第1章 绪　论

1.1 研究背景

财务重述即前期会计差错更正，指上市公司针对以前财务报表中的会计科目重分类、金额等做出的更正和披露。财务重述会使得公司的会计信息更为准确和可靠，但同时也意味着公司承认前期报表中存在错误。因而财务重述会降低投资者的信任程度，使得股票价格下跌。会计错报的发生和更正其实是财务重述的两阶段，即差错发生期与差错更正期。会计师事务所在这两个阶段都发挥着举足轻重的作用。在差错发生期，会计师事务所可能未能发现和披露错报，使得错报一直被掩盖；而在差错更正期，会计师事务所有可能是发现前期会计差错的主体。因此，有必要展开对会计师事务所与财务重述关系的研究。本研究立足于我国特殊的制度背景，关注在会计差错发生期与会计差错更正期两阶段下会计师事务所与财务重述的关系。本章首先总结了本书研究的理论背景和实践背景，然后针对研究现状提出本书的研究意义，并在此基础上指出本书要解决的主要问题，进而阐述本书的主要研究内容、方法和框架。

1.1.1 实践背景

（1）财务重述的重要性与财务重述现状

经过近二十年的发展，我国的资本市场日益壮大，其地位与日俱增。股票市场已成为我国企业融资的一个重要渠道，其健康发展也成为事关国计民生的重大问题。资本市场的快速发展对会计信息的可靠性和相关性也提出了更高的要求。高质量的会计信息不但应当能够反映公司管理层的职责履行情况，也应当有助于投资者等财务报告使用者对企业过去、现在或者未来的情况做出评价或者预测。因此，会计信息披露是制订有效契约和保护投资者利益的一项重要机制。另一方面，上市公司所提供的会计信息是当前经营成果的反映，也是预见公司未来发展前景的基础。上市公司的会计信息不但具有信息含量、对股票价格产生影响，而且会计信息也是公司契约订立及修订、管理层薪酬等方面的重要参考依据，往往成为管理层操纵的对象。

投资者获得会计信息的主要途径就是上市公司对外披露的财务报表，其真实性和可靠性就显得至关重要。然而，近年来，财务报表重述却对财务报表的真实性和可靠性提出了质疑。美国证监交易委员会（SEC）（2002）将财务重述列为导致投资者对财务报告和市场效率方面丧失信心的重大因素。许多实证研究证实了财务重述会引起股价的下跌（魏志华，李常青和王毅辉，2009；Frieder 和 Shanthikumar，2008）。财务重述常常会引起对公司以前年度财务报表可靠性的质疑，通常伴随着舞弊，不但引起投资者和分析师重新评估公司未来的盈利情况，还会降低对报告盈利质量的信心。

外部审计作为应对代理问题的产物，理应在会计错报和财务重述的应对上发挥积极作用。然而，会计师事务所在中国资本市场所起到的作用有待提高。2012 年年初以来，深圳鹏城会计师事务所因“云南绿大地案”而陷入麻烦之中，不仅监管部门多次将其作为典型案例提出警示，更被媒体曝光。在过去，中国资本市场的一个痼疾便是造假没有成本，“云南绿大地案”案发后，资本市场一直等待着处理结果。令人遗憾的是，以鹏城会计师事务所与国富浩华会计师事务所的合并为结局。这些案例说明我国资本市场和审计市场的健康度尚需提高，在会计师事务所发生错误时监管部门不应当对其姑息纵容。会计师事务所自身也应当要有良好的内部管理规范，更好的发挥“经济警察”的作用。

一方面是财务重述案件的频繁发生，一方面是会计师事务所的懈怠，这种信息披露的不健全与善后的敷衍造成的后果，只能由投资者来买单。投资者会对上市公司、资本市场渐渐失去信心，最终给国民经济带来严重的不利影响。会计师事务所与其客户之间应当保持何种关系？审计费用如何制定？对会计师事务所的审计任期是否应当做出限定？在公司发生财务重述后，是否会考虑更换事务所？这些问题都值得深入探讨和研究。

（2）财务重述的监管和尴尬

上市公司的财务重述问题引起了政府和相关监管部门的高度重视。在美国，鉴于证券市场频繁发生的严重财务舞弊事件，2002 年 7 月 25 日，美国总统布什签发了《萨班斯——奥克斯利法案》（Sarbanes - Oxley Act），在提升信息披露质量、强化审计监管等方面了做出了规定。这在一定程度上加大了上市公司和会计师事务所操纵报表的成本，也为财务重述带来了难度。

随着我国资本市场的不断发展，证券市场监管相关的法规越来越多。其中同财务重述有关的法规主要经历了三次重大改革。第一次为1999年1月1日实施的《企业会计制度》，其中规定：重大会计差错会使得以前发布的财务报表不再值得信赖。一般来讲，重大会计差错具有较大的数额。如果一项差错占到了交易数量的10%或以上，这种数量就会被认为是重大的。这项会计制度首次提出了会计差错的概念，并给出了会计处理的具体方法，但它只要求上市公司将会计差错披露在财务报表附注，导致了信息披露的不健全。第二次改革是中国证券监督管理委员会于2003年12月1日发布的《公开发行证券的公司信息披露编报规则第19号——财务信息的披露及相关更正》，其中规定上市公司应当以重大临时公告的方式及时披露更正后的财务信息。但是这个时期财务重述制度还没有上升至准则的高度。第三次改革是2007年1月1日实施的《企业会计准则第28号准则——会计政策、会计估计变更和差错更正》，规定“前期差错通常包括计算错误、应用会计政策错误、疏忽或曲解事实以及舞弊产生的影响，以及存货、固定资产盘盈等”“企业应当采用追溯重述法更正重要的前期差错，但确定前期差错累积影响数不切实可行的除外”。这项准则首次正式提出了“追溯重述法”的概念，表明会计准则与监管部门的趋同，意味着财务重述制度的正式建立。除此以外，中国证券监督管理委员会于2007年1月30日发布了【第40号令】上市公司信息披露管理办法，将因前期已披露的信息存在差错、未按规定披露或者虚假记载，被有关机关责令改正或者经董事会决定进行更正的情形归为重大事件。进一步地，中国证券监督管理委员会于2010年发布《公开发行证券的公司信息披露编报规则第15号——财务报告的一般规定》（2010年修订），其中规定，本期发现的前期会计差错，采用追溯重述法处理的，应当披露前期会计差错的内容、批准处理情况、受影响的各比较期间报表项目名称、累积影响数；采用未来适用法处理的，应披露重大会计差错更正的内容、批准处理情况以及采用未来适用法的原因。此外，证监会还要求各上市公司执行《年报信息披露重大差错责任追究制度》，强化信息披露责任意识，加大对年报信息披露责任人的问责力度。这些规定能够提升同财务重述、会计差错相关的会计信息的透明度。

尽管财务重述制度已正式建立，但会计师事务所的的作用在中国资本市场还未能得到充分发挥。不同于西方，中国的审计市场有以下特征：首先，审计诉讼风险较低。会计师事务所的认定通常是由中央政府监管机构的批准进行，会计师事务所面临的主要风险是吊销审计执照，与成熟市场相比，诉讼风险不是导致会计师事务所变更的重要原因。其次，较低的审计市场集中度。中国审计市场非常分散，这会导致会计师事务所之间激烈的竞争，在高度竞争的审计市场下，会计师事务所主动放弃客户是不太可能的。因此会计师事务所变更的主要原因是客户解聘事务所，而事务所主动辞聘的情形很少。如果事务所敢于向客户说不，那么很可能的后果就是被解聘。最后，低水平的会计师事务所专长。由于我国审计职业发展的时间较短，很少有会计师事务所在某特定领域或行业有自己的专长（DeFond，Wong 和 Li，2000）。最后，上市公司与会计师事务所之间不对等的关系。中国的审计市场更像是买方市场，主要由大规模会计师事务所控制。这些大所可能会迫使小所打破规则，并采取降低审计收费这样的不公平竞争手段。这种分散化的审计市场份额会导致对审计质量需求的降低。

上市公司的财务重述行为降低了会计信息的可靠性和真实

性，会降低资本市场的健康度。尽管相关监管部门针对财务重述制订和颁布了抑制会计错报发生、会计差错更正的法规和规定，但上市公司的财务重述现象还是层出不穷。另一方面，我部审计市场集中度较低，导致审计市场竞争激励，会计师事务所敢于向客户说不的情形较少，再加之审计诉讼风险较低，导致审计独立性受损。在这样的买方市场下，会计师事务所与审计客户的关系是不对等的。会计师事务所如何与客户进行定价、审计任期应当如何规定？如何披露财务重述信息？披露哪些财务重述信息？研究这些问题具有非常重要的实践意义。此外，财务重述公司是否会在重述后解聘事务所，以提升审计质量或恢复声誉？而财务重述公司提升审计质量是否能真正实现提升审计质量的目的？

1.1.2 理论背景

面对日益增长的财务重述问题，学术界在不断地进行着探索。财务重述分为两个阶段，会计错报发生期与会计错报更正期。会计错报一旦被披露，就是财务重述行为，因此两者在本质上是一致的。财务重述问题一直是会计学界以及审计学界研究的重点热点问题，尤其是对其影响因素和经济后果的研究可谓是汗牛充栋。已有研究表明财务重述不仅受到董事会特征、股权结构、薪酬激励以及外部审计等方面的影响，而且在企业价值、信息风险等方面有着重要的经济后果。结合已有财务重述、会计错报方面的学术文献，尽管研究成果非常丰富，但是从中不难发现研究的深度不足。研究内容：侧重公司是否有会计错报或重述，而未能深入分析造成这种错报的原因，是人为疏忽还是机会主义行为，这些不同的原因会对结果造成实质性的影响；研究视角：围绕上市公司本身的层面进行影响因素研究，忽视了会计师事务所对会计错报的影响以及财务重述后会计师事务所的变更行为以及对应的经济后果。内外部治理固然会影响到会计错报，但会计师事务所与财务重述之间的联动关系不得不考虑。研究层次：侧重财务重述后会计师事务所是否发生变化，而未能深入挖掘财务重述后会计师事务所发生变化的具体原因。会计师事务所发生变更是上市公司与会计师事务所双方博弈之后的结果，如果一刀切会使得报表使用者不清楚具体什么原因使得公司在财务重述后发生了事务所变更，更加不了解事务所变更的目的。变更会计师事务所是否能够达到预期的目的也不得而知。总之，这些研究不论在研究内容、研究视角和研究层次上都存在一定的局限性，使得我们对会计错报、财务重述的理解十分有限。本书认为，这不仅是中国会计学界财务重述研究中出现的问题，同时也会为西方相关研究提供借鉴。

1.2　研究意义

本研究将发挥重要的理论意义和现实意义：

（1）理论意义

将会计师事务所与审计客户关系同财务重述结合起来，并区分会计差错发生期与会计差错更正期。审计定价、审计任期一定程度上反映了会计师事务所与其审计客户之间的关系。有必要关注审计定价以及审计任期之间的关系。审计收费对会计错报本身的影响是通过审计努力程度来体现，还是风险溢价来体现，这些问题需要回答。同时审计费用对会计错报的影响是否会受到会计师事务所不同类型的影响？此外，上市公司在财务重述后可能会出于恢复声誉以及提升审计质量方面的考虑，以更换会计师事务所。而更换会计师事务所后能否实现上市公司的目的也是个经验问题。本研究在继承和发展管理学、金融学等学科中已有的理论和方法的基础上，构建审计客户关系、财务重述与会计师事务所变更的关系模型，深入剖析审计客户关系对会计错报、财务重述的影响，探讨财务重述后会计师事务所的变更行为，并分析财务重述后会计师事务所的变更能否实现预期的目的。本书有助于丰富和扩展审计客户关系以及财务重述研究的内容和方向。

（2）现实意义

会计实务界与审计实务界将从本书对审计客户关系、会计错报、财务重述与会计师事务所变更关系的研究中，更为清楚地了解审计客户关系如何影响到会计错报的发生与更正，剖析财务重述与会计师事务所变更之间的关系，并制定相应的对策以应对财务重述特别是审计客户关系与财务重述的问题，为会计师事务所应对会计错报的发生与更正提供政策建议。本书也有助于上市公司结合自身同审计客户关系的特点，科学制定和实施各种决策，改善公司治理水平，提高会计信息质量；有利于监管部门针对上市公司制定更为有效的会计信息质量检查以及财务重述的监管策略；有利于投资者精确识别并区分上市公司变更会计师事务所前后会计信息质量的差异性，进而增强对上市公司会计信息的解读和应用能力。

1.3 主要研究问题

尽管已有研究针对财务重述、会计差错等问题进行了分析和探讨，并初步探讨了会计师事务所与财务重述之间的关系，但未能有效分析两者之间的互动关系，即财务重述后公司会主动更换会计师事务所，而会计师事务所也可能主动离开。两个主体的动机是不同的，上市公司是出于恢复声誉亦或提升审计质量的考虑，还有可能是为了寻找“听话”的会计师事务所，而会计师事务所则是出于规避风险的考虑。针对现实中存在的问题和理论研究的背景，本书提出如下研究问题：

（1）审计客户关系与财务重述之间存在怎样的关系？

本研究将从审计定价和审计任期两个方面着手，分别研究审计客户关系在会计差错发生期和会计差错更正期与财务重述之间的关系，进而揭示会计师事务所如何发现并要求上市公司披露会计错报。进一步，当错报在以后年度被发现后，不同的审计客户关系在客户重述财务报表时也可能会有所不同。

（2）审计费用本身对会计错报具有何种影响？

审计费用本身反映了审计努力程度。因此，得到较高审计费用的审计师比收费较少的审计师更可能发现客户报表中的会计错报。较高的审计费用可否降低会计错报发生的概率。此外，中国会计师事务所面临的诉讼风险较低，因此可能需要考虑自身声誉而不是诉讼本身。会计师事务所声誉如何影响审计收费对会计错报的影响？会计师事务所声誉如何度量？这些问题需要研究。

（3）财务重述后对会计师事务所变更起着怎样的作用？

财务重述后公司会主动更换会计师事务所以恢复声誉或提升审计质量，还可能试图寻找“听话”的会计师事务所，而会计师事务所也可能主动离开审计客户，以规避风险。遗憾的是，以往研究较多地停留在发生财务重述的公司是否会更换会计师事务所这一层面，而较少深入地分析财务重述后会计师事务所变更的具体原因。本书将深入分析上市公司在财务重述后发生会计师事务所变更的具体原因和意图。

（4）财务重述后公司发生会计师事务所变更能否起到预期的作用？

上市公司在财务重述后更换会计师事务所无非是想恢复受损的声誉，以降低投资者的愤怒感，亦或出于提升审计质量的考虑，也有可能是为了寻找“听话”的审计师。本书试图关注财务重述公司更换会计师事务所后能否提升审计质量，这一研究可以通过在更换事务所后的二次重述行为来予以体现。

1.4 研究内容、方法及论文框架

1.4.1 研究内容

针对研究问题和研究目标，本书通过如下内容组织全文：

第 1 章为绪论。本章主要阐述研究的实践背景和理论背景，分析财务重述研究现状并指出其中的不足，提出本书研究的主要问题、内容和框架。

第 2 章为审计费用、审计任期与会计错报的关系研究。本章基于中国上市公司财务报表发生错报的样本，检验了错报与审计费用之间的关系。本章发现发生会计错报公司的审计费用要显著高于未发生会计错报公司的审计费用，表明会计师事务所可能会弥补因错报而招致的工作努力程度以及风险溢价。此外，本章还发现审计费用与会计错报之间的正向关系会受到审计任期的负向调节。这意味着会计师事务所的费用依赖性在其被雇佣的初期较为明显，而随着审计任期的增加，这种依赖性逐渐降低。本章的结论表明会计师事务所的审计费用依赖性在中国这样弱投资者保护环境中较强，而审计任期在一定程度上能够缓解这种依赖性。

第 3 章为审计费用、会计师事务所声誉对会计错报的影响研究。本章检验了审计费用对会计错报的影响作用，并关注这种影响作用是否会受到会计师事务所声誉的调节。结果表明，当期审计费用负向影响当年财务报表发生会计错报的概率，同以往研究结论一致，表明审计费用同未来会计错报的负向关系不仅在强投资者保护环境下成立，也在我国这样的弱投资者保护环境下成立。本章结论表明较高的审计费用意味着审计师努力程度较高，甚至是法律诉讼基本不起作用的情况下。以前的文献认为会计师事务所具有声誉动机，因此本章使用会计师事务所违规以及会计师事务所排名作为其声誉的替代变量，发现审计费用与会计错报之间的负向关系会随着会计师事务所声誉的下降而减弱。本章的结果表明会计师事务所声誉能够负向调节审计费用与会计错报之间的关系，这种关系对于缺乏法律诉讼的环境尤为重要。

第 4 章为财务重述对会计师事务所解聘的影响研究。本章通过检验财务重述后客户解聘会计师事务所的情况以及事务所变化方向是否受到财务重述的影响，扩展了以往相关文献的研究内容。本章发现在财务重述后的一年内，会计师事务所被解聘的频率在财务重述公司中要高于未发生财务重述的公司。此外，本章检验了财务重述对会计师事务所变更方向的影响。尽管未发现财务重述与事务所变更方向之间存在显著关系，但发现重述公司更可能在发生同舞弊相关的财务重述后将会计师事务所变更为更具有声誉的事务所，而同差错相关的财务重述更可能使得公司将会计师事务所变更为更加顺从的事务所。本章的结论表明差错类财务重述公司在财务重述后解聘会计师事务所以试图寻找顺从的事务所，而舞弊类重述公司在财务重述后解聘会计师事务所旨在恢复受损的声誉。

第 5 章为会计师事务所变更后审计质量的变化研究。本章通过检验财务重述后会计师事务所的变化情况以及这种变化是否受到财务重述特征的影响，扩展了以往相关文献的研究内容。本章在单变量和多变量的分析中均发现财务重述公司其会计师事务所变更频率要显著高于非重述公司中会计师事务所的变更频率，这表明公司在发生财务重述后会试图恢复受损的声誉。进一步，本章发现被重述的年度数、重述公告中涵盖的会计差错数与会计师事务所变更的频率正相关。尽管本章未发现财务重述方向与金额会显著地影响会计师事务所变更，然而在调低盈余的财务重述公司中，重述程度与会计师事务所变更的频率显著负相关。这表明调低盈余的财务重述公司在做出变更会计师事务所的决定时，更加会关注财务重述的金额。进一步，本章还发现财务重述后经历会计师事务所变更的公司，在继任事务所任期期间，更可能发生针对继任事务所审计的财务报表的财务重述，因为继任事务所还是在短期难以及时发现或披露会计错报。这表明财务重述公司通过更换事务所后，审计质量依然较低，难以真正实现恢复声誉的目的。

第6章为结果讨论。本章对实证研究结果进行了讨论，分析研究假设验证与否的原因，并说明其所反映的理论意义和现实意义。

第7章为结论与展望。本章归纳了论文的主要结论和创新点，提出了相应的政策建议，并说明了本研究的局限性以及未来研究方向。

1.4.2 研究方法

本书的研究方法是以理论分析和实证研究为主，定性分析和定量分析相结合，综合运用经济学、管理学、财务会计学以及审计学等相关学科的知识，从明确概念内涵入手，在系统研究相关理论观点的基础上，提出审计客户关系、审计费用与会计师事务所声誉对会计错报的影响、财务重述和会计师事务所变更的分析模型。既关注模型要素之间关系的一般规律，又分别比较财务重述不同时段，审计客户关系与财务重述之间的动态关系。通过理论分析和逻辑关系阐述，提出研究假设，并借助均值T检验、相关性分析、回归分析等方法进行实证检验，最后对检验结果进行定性和规范分析。具体实证方法包括：（1）均值差异T检验。本书需要运用均值差异T检验对比分析财务重述公司与非财务重述公司在审计客户关系、审计费用以及更换会计师事务所方面的差异。同时，该方法也可以与多元回归分析结果进行相互印证。（2）相关性分析。由于本研究的主要目的就是揭示审计客户关系与财务重述之间的联系，审计费用、会计师事务所声誉对会计错报的影响，以及财务重述后会计师事务所的变更行为，因此为了能够更加准确地描述研究变量之间的线性相关程度，有必要通过相关性分析来计算变量之间的相关系数。（3）Logit回归分析。根据本研究提出的问题，本研究需要检验审计客户关系与是否发生会计错报之间的联系，揭示审计费用、会计师事务所声誉对会计错报的影响，还要检验财务重述后会计师事务所变更的情形，以及会计师事务所变更后的二次重述行为，这些需要用到Logit回归分析。

1.4.3 论文框架

本书的研究框架如图1-1所示。

结构安排
主要内容
第1章 绪论
研究背景
研究问题的提出
研究方法和框架的设计
第2章 审计费用、审计任期与会计错报的关系研究
审计费用、审计任期与会计错报的关系研究
第3章 审计费用、会计师事务所声誉对会计错报的影响研究
审计费用、会计师事务所声誉对会计错报的影响研究
第4章 财务重述对会计师事务所解聘的影响研究
财务重述对会计师事务所解聘的影响研究
第5章 事务所变更后审计质量的变化研究
事务所变更后审计质量的变化研究
第6章 结果讨论
实证结果的讨论
第7章 结论和展望
研究结论、创新点与局限性分析

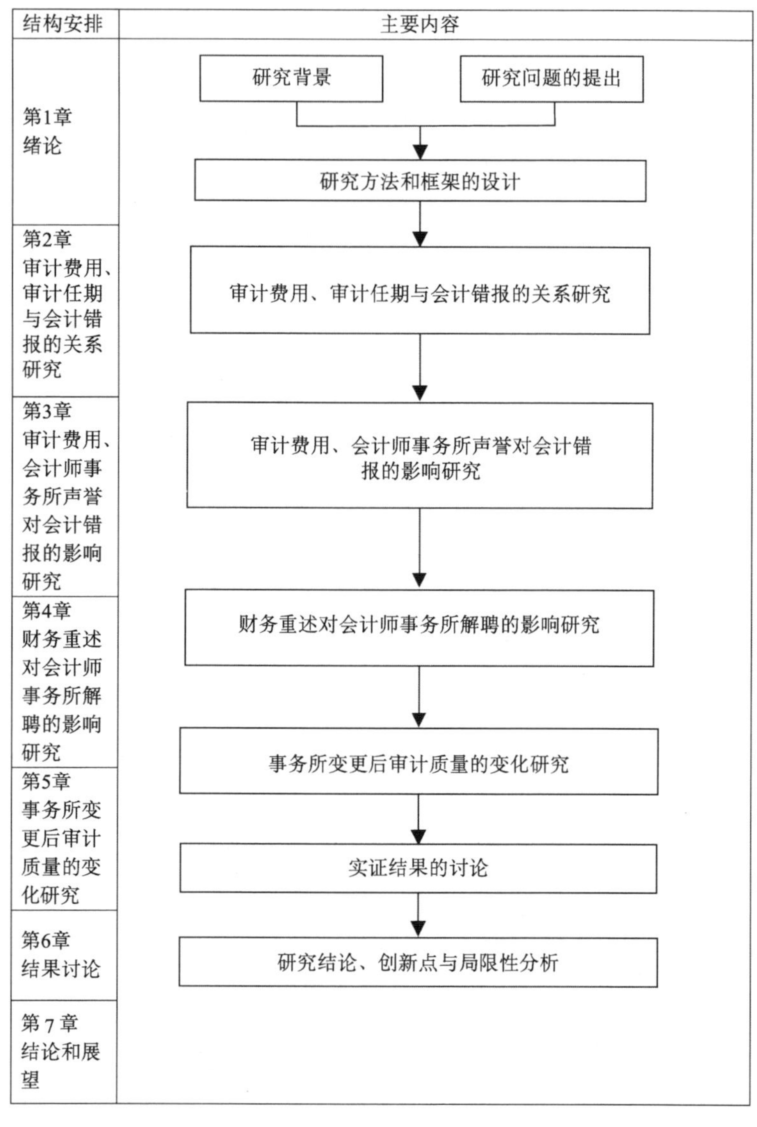

图1-1 研究框架图

审计费用、审计任期与会计错报的关系研究

2.1 引言

本章试图从会计错报的角度更好地理解审计费用与审计质量之间的关系。审计费用溢价可能是由于事务所观察到客户的风险，并相应付出更多能力而导致的。近些年的研究检验了审计费用与审计质量或盈余质量之间的关系，但是未能充分考虑客户向会计师事务所支付的审计费用与财务报告质量之间的内生性问题。具体来说，这些研究未能很好地解释审计费用与用可操控应计衡量的审计质量之间的关系。此外，大量有关盈余质量（或审计质量）与审计费用之间关系的研究清一色地将前者作为因变量（Frankel，Johnson 和 Nelson，2002；

Antle 等，2006；Larcker 和 Richardson，2004；Mitra，Deis 和 Hossain，2009；Choi，Kim 和 Zang，2010；Hribar，Kravet 和 Wilson，2010）。

不同于以往基于可操控应计研究审计费用与审计质量之间关系的研究，本章关注会计错报对审计费用的影响，而不是相反的方向。DeFond，Raghunandan 和 Subramanyam（2002）注意到会计师事务所对客户应计以及盈余的影响可能是间接的。这是由于事务所可能会注意到客户的会计选择，并检查与应计有关的项目（Schelleman 和 Knechel，2010）。因此，高应计可能会促使事务所降低审计风险。本章从上市公司的财务重述公告中得到错报样本，错报可能需要数年才会被发现和披露，说明事务所最初并未发现或披露会计差错。因此，错报是一种衡量较低审计质量的工具。本研究也不同于 Choy 和 Gul（2008），他们发现财务重述会对事务所的声誉造成不利影响，其客户也要求降低审计费用以弥补受损的审计服务。

有关审计任期影响审计质量的研究也在已有文献中得到广泛证实，特别是从可操控应计的角度（Johnson，Khurana 和 Reynolds，2002；Myers，Myers 和 Omer，2003；Gul，Fung 和 Jaggi，2009；Lim 和 Tan，2010）。还有学者从财务舞弊、财务重述以及会计稳健性的视角研究了审计任期对审计质量的影响（Carcello 和 Nagy，2004；Gunny，Krishnan 和 Zhang，2007；Jenkins 和 Velury，2008；Stanley 和 DeZoort，2007）。然而，这些研究形成的结论却大为不同。比如，Stanley 和 DeZoort 使用 2000~2004 年 382 家错报公司以及非错报公司的配对样本，发现审计任期会负向地影响到会计错报。此外，Gunny，Krishnan 和 Zhang（2007）发现异常审计费用与审计任期的交互项与 PCAOB 报告中的重大缺陷有关，他们认为审计任期加重了经济纽带的影响。

本章首先试图检验错报公司的审计费用是否高于非错报公司的审计费用。其次，不同于 Gunny，Krishnan 和 Zhang（2007），本章检验审计费用与会计错报之间的正向关系是否会受到审计任期的负向调解，这同长审计任期引致的声誉观点一致。本章主要有以下两方面的研究动机：首先，监管部门与政策制定者对财务重述以及错报高度关注，不但在美国（Palmrose，Richardson 和 Scholz，2004；Kravet 和 Shevlin，2010；Anderson 和 Yohn，2002），还有中国（魏志华，李常青和王毅辉，2009；财政部，2006）。由于快速的经济转型，中国投资者主要关注公司的透明度、诚信度、治理情况，以及上市公司和金融中介的监管情况。另一方面，很多商业与证券舞弊严重威胁到中国经济的发展，表明中国经济的质量会受到影响。与这些问题相关的是学术界以及政策制定者会对会计错报情形下的审计质量提出质疑。会计师事务所由于审计费用压力会默许客户的会计选择（Frankel，Johnson 和 Nelson，2002；Antle 等，2006；Larcker 和 Richardson，2004；Mitra，Deis 和 Hossain，2009；Choi，Kim 和 Zang，2010；Hribar，Kravet 和 Wilson，2010），特别是在中国这样的买方审计市场中。投资者以及财务报表使用者应当注意到在某类情境中，高审计费用与会计错报之间的关系可能较弱。一种这样的情形就是事务所与客户的长期关系。这点很重要，因为当会计师事务所与审计客户保持长期雇佣关系时可以降低事务所的费用压力。其次，很多研究证实了短任期会导致较低的审计质量（Johnson，Khurana 和 Reynolds，2002；Carcello 和 Nagy，2004；Gul，Fung 和 Jaggi，2009），还有研究证实了长任期与审计质量之间的关系不显著（Johnson，Khurana 和 Reynolds，2002；Carcello 和 Nagy，2004）。本章试图从会计差错而不是可操控应计的角度来解决这个问题，试图说明长任期下的会计师事务所更加可能抵制费用压力，进而降低会计差错发生的概率。

本章剩余部分如下：第二部分进行了文献回归，并在此基础上提出了研究假设；第三部分描述了样本和数据来源，说明了研究设计，并列示了描述性统计结果；第四部分为实证结果以及稳健性检验；最后为结论。

2.2 文献回顾与研究假设

2.2.1 审计费用与审计质量

较高的审计费用表明会计师事务所可能意识到客户的经营风险，会要求更高的回报以补偿自己。Niemi（2002）发现当审计师注意到客户的经营风险超过平均水平时，审计费用就包含了风险溢价。更为严重的是，较高的审计费用反应了会计师事务所与客户之间可能存在合谋。很多研究证实较高的审计费用会降低审计质量（Hoitash，Markelevich 和 Barragato，2007；Larcker 和 Richardson，2004），增加可操控应计（Antle 等，2006），这可能是由于审计师独立性受损所致，进而增加了审计师默许客户的倾向。可是，也有研究未发现审计费用会显著地影响到审计意见类型（DeFond，Wong 和 Li，2000；Craswell，Stokes 和 Laughton，2002）。从这个角度来说，审计费用与审计质量之间的关系还未被充分揭示，急需更为有效的方法和工具。

随着对审计费用研究的逐步深入，越来越多的研究者开始将注意力放到未预期（异常）审计费用上。内部控制以及公司治理薄弱的审计客户具有较高的风险，可能会支付较高的未预期审计费用；未预期审计费用将审计师与客户连接在一起，这样审计师很可能会默许客户的盈余管理以及重大会计差错。很多研究证实了未预期审计费用对审计质量的影响（Mitra，Deis 和 Hossain，2009；Hoitash，Markelevich 和 Barragato，2007；Larcker 和 Richardson，2004）。更为重要的是，Choi，Kim 和 Zang（2010），Hribar，Kravet 和 Wilson（2010），Krauss，Pronobis 和 Zülch（2010）认为以往研究中有关审计费用与审计质量之间关系不显著的原因在于审计费用的度量上。他们发现可操控应计与未预期审计费用之间的关系是不对称的，取决于未预期审计费用的方向。他们认为正向的未预期审计费用会使得会计师事务所在经济上依赖客户，允许盈余管理以及财务报表的重大错报；另一方面，负向的未预期审计费用基本上不会给会计师事务所提供向客户妥协的动机。

以往研究中有关审计费用对审计质量影响的基本理论在于，较高的审计费用侵害了审计师的独立性，进而导致较低的审计质量。可是，由于指标、模型以及计算方法的选择方面的主观性，可能会对结论造成一定影响，因此可操控应计度量的审计质量本身就有缺陷。此外，究竟是审计费用影响审计质量还是审计质量影响审计费用，难以通过用可操控应计衡量的审计质量进行判断。Hribar，Kravet 和 Wilson（2010）认为，当会计师事务所注意到客户审计质量较低后，有两种选择：事务所收取较高的审计费用以弥补审计风险，或进行更多的测试以将审计风险降至可接受的水平。另一方面，Antle 等（2006）未发现可操控应计对审计费用有显著影响，再次证明了 Schelleman 和 Knechel（2010）的观点，表明可操控应计不太可能是审计费用的重要影响因素，迫切需要衡量审计质量的其他变量。

这个工具就是会计错报。当会计师事务所发现客户财务报表中的错误或潜在风险后，会认为客户的风险较高、缺乏有效的内部控制，还可能存在潜在的代理问题，这又增加了会计师事务所对控制风险的预期。结果，会计师事务所不得不花费更多的审计时间将审计风险降至可接受水平，导致审计费用溢价。因此，本书认为会计错报发生的概率与审计费用正相关。

H_{2-1}：错报公司的审计费用显著高于非错报公司的审计费用。

2.2.2 审计任期与审计质量

大量研究证实了审计任期较长的会计师事务所有助于向客户提供较高质量的审计报告（Myers，Myers 和 Omer，2003；Jenkins 和 Velury，2008；Stanley 和 DeZoort，2007；Gunny，Krishnan 和 Zhang，2007），而任期较短的事务所其客户的财务报告质量较低（Johnson，Khurana 和 Reynolds，2002；Carcello 和 Nagy，2004；Gul，Fung 和 Jaggi，2009）。当事务所的任期较短时，更强调利润（准租金）而不是声誉保护（Johnson，Khurana 和 Reynolds，2002）。此外，具有竞争性的滚雪球手段使得会计师事务所在被雇佣的初期较为听话（Geiger 和 Blay，2011）。另一方面，当会计师事务所与客户的关系较长时，很可能在乎事务所的声誉保护，并可能抵制费用压力。

以上的结论表明随着审计任期的增长，会计师事务所在客户的行业中发展了一种声誉并在相关行业中形成了自己的客户群，事务所也有动机提升审计质量以保护其声誉，进而避免其他客户因事务所的执业操守行为而流失的现象（DeAngelo，1981；Krishnan，2003）。

2.2.3 审计质量、审计任期与审计费用

本章试图检验审计任期是否会影响到审计费用与审计质量之间的关系。审计质量、审计任期与审计费用的关系建立在如下假

设的基础上：会计师事务所对客户的费用依赖性取决于事务所与客户的关系长度。这就是说，随着审计任期的增长，事务所的费用依赖性降低。因此，本章的第二个假设如下：

H_{2-2}：审计费用与会计错报之间的正向关系会受到审计任期的负向调节。

2.3　样本来源与方法设计

2.3.1　样本选择

本书主要通过手工收集 2003～2011 年间中国上市公司的年报数据，得到了在 2002～2009 年发生错报的样本①。部分错报样本从巨潮资讯网，根据关键词查找（更正、追溯调整、差错）获得。本章有关错报样本的收集不包括与股票拆分、发放股利、终止经营、会计政策变化、并购有关的事项，也不同于年报补丁，而是与会计差错直接相关。本书手工收集了与错报有关的信息，包括对盈余的影响。本书从 2002～2009 年的年度报告中获得了 653 家上市公司的 1123 个错报观测值②。本章只关注 A 股市场，而不考虑 B 股市场。为了更好地说明事务所与客户之间可能存在合谋的情况，对 ST 公司、被出具非标审计意见的公司进行了剔除，进而得到 551 家上市公司 875 个错报观测值。审计费用数据以及其他数据主要来自于 CSMAR 数据库。

① 披露的错报样本是根据财务重述样本获得的，因此，错报的发生期要早于财务重述的发生期。

② 中国上市公司从 2001 年才开始披露审计费用数据，因此本书的错报样本起始年度选在 2002 年。

本章使用配对样本分析。按照 Beasley（1996）的方法建立了对照组，配对公司在四个方面与错报公司一致：规模、行业、上市地以及年度，具体如下：

公司规模：如果错报公司与非错报公司在错报年度的总资产在±40%以内，则认为二者规模近似；

行业：本章确保每一个错报公司与对应的非错报公司在同一个行业；

上市地：错报公司与其对应的非错报公司在相同的证券交易所（上海或深圳）；

年度：确保非错报公司与错报公司在同一年度。

根据这四个条件，本章得到 757 个错报观测值以及 757 个非错报的配对样本。

2.3.2 研究设计

本章将错报年度作为研究年度，并检验错报公司的审计费用是否显著高于非错报公司的审计费用。为验证本章的假设，本章将审计费用设定为因变量。很多有关审计费用的文献根据 Simunic（1980）的做法，将审计费用看作是客户特定层面的因素，以及客户规模、客户复杂性以及客户特定风险的函数（Larcker 和 Richardson，2004；Antle 等，2006；Craswell，Stokes 和 Laughton，2002；Choi，Kim 和 Zang，2010）。

审计费用模型如下（简化起见，变量的下标省略）：

$$\begin{aligned}\ln AF = {} & \alpha_0 + \alpha_1 Mis + \alpha_2 ROA + \alpha_3 Lev + \alpha_4 Lna + \alpha_5 Agrow \\ & + \alpha_6 Specialist + \alpha_7 Big4 + \alpha_8 AR + \alpha_9 INV + \alpha_{10} LIQ \\ & + \alpha_{11} SUB + \alpha_{12} Forop + \alpha_{13} SOE + \Sigma Econ\ dummy \\ & + \sum Year\ dummy + \sum Indu\ dummy + \varepsilon \qquad (2-1)\end{aligned}$$

为检验假设 2，本章使用如下模型：

$$\ln AF = \alpha_0 + \alpha_1 Mis + \alpha_2 Tenure + \alpha_3 Tenure * Mis + \alpha_4 ROA + \alpha_5 Lev + \alpha_6 Lna + \alpha_7 Agrow + \alpha_8 Specialist + \alpha_9 Big4 + \alpha_{10} AR + \alpha_{11} INV + \alpha_{12} LIQ + \alpha_{13} SUB + \alpha_{14} Forop + \alpha_{15} SOE + \sum Econ\ dummy + \sum Year\ dummy + \sum Indu\ dummy + \varepsilon \quad (2-2)$$

同 Whisenant，Sankaraguruswamy 和 Raghunandan（2003），Geiger 和 Blay（2011）的研究一致，本章将审计费用定价模型中的 *lnAF* 定义为审计费用的自然对数。模型（2-1）与模型（2-2）中的变量定义具体如下：

lnAF = t 年审计费用的自然对数；

Mis = 1 如果公司在 t 年的财务报表有会计差错而事务所未发现或披露，否则为 0；

Tenure = 公司聘用会计师事务所的连续年度数；

ROA = t 年末的总资产收益率；

Lev = t 年末的资产负债率；

Lna = t 年末总资产的自然对数；

Agrow = t 年末的总资产增长率；

Specialist = 1 如果会计师事务所在客户所在行业具有审计专长，否则为 0；

Big4 = 1 如果公司的财务报告经“四大”会计师事务所审计，否则为 0；

AR = t 年末应收账款除以总资产；

INV = t 年末存货除以总资产；

LIQ = t 年末流动资产除以流动负债；

SUB = t 年被纳入合并财务报表子公司数的平方根；

Forop = 1 如果公司在 t 年有外币经营业务，否则为 0；

SOE =1 如果公司为国有企业，否则为0；

Σ*Econ dummy* = 1 如果公司位于较为发达的省市，例如上海、北京、天津、浙江、江苏以及广东，否则为0；

Σ*Year dummy* =年度虚拟变量；

Σ*Indu dummy* =行业虚拟变量。

t年是公司财务报表中发生错报的年度。本章的检验变量包括公司是否经历错报（*Mis*），审计任期（*Tenure*）。为控制盈利能力以及公司发展状况（李彬和张俊瑞，2013），本章使用总资产收益率（*ROA*）以及总资产增长率（*Agrow*），还控制了公司的资产规模（*Lna*）以及资产负债率（*Lev*）。同等条件下，较高的资产负债率意味着较高的风险，这可能会影响到审计费用。具有行业专长的会计师事务所可能比不具有行业专长的事务所提供更好的审计服务。本章使用事务所在客户中的收入以估计事务所的行业市场份额（Krishnan，2003），定义如下：

$$\text{ADTR\_ MS}_{ik} = \frac{\sum_{J=1}^{J_{ik}} \text{SALES}_{ijk}}{\sum_{J=1}^{I_k} \sum_{I=1}^{I_{jk}} \text{SALES}_{ijk}} \qquad (2-3)$$

SALES表示客户的销售收入。分子表示会计师事务所 i 在行业 k 中所有客户 J_{ik} 的收入，分母表示所有 I_k 家事务所在行业 k 中客户 J_{ik} 的收入。当 ADTR_ MS_{ik} > =0.2时，本章认为会计师事务所为行业专家。

此外，为反映客户的经营风险，应收账款占比（*AR*）、存货占比（*INV*）以及流动比率（*LIQ*）用以控制公司风险对审计费用的影响。为控制公司经营的复杂性，国外子公司数的平方根（*SUB*），是否具有外币经营业务（*Forop*）也被考虑在内。*SOE* 用以衡量公司的终极控制人，国企或非国企。中国各地区经济发展水平差异较大，因此，本章对此进行了控制，以控制地区差异对审计费用的影响。最后，年度和行业效应也反映在回归模型中。

表2-1按照是否发生错报分组提供了描述性统计。错报组中 *lnAF* 的均值为13.0241，显著高于非错报组中的均值12.9708（t值=-2.2575），表明错报组的审计费用较高。错报组中 *Tenure* 的均值为6.1982，非错报组中的均值为6.1295，两组之间不存在显著差异。在错报组中 *ROA* 的均值为0.0207，显著低于非错报组中的均值0.0401（t值=6.9737），表明错报公司在盈利方面可能存在问题。错报组中 *Lev* 的均值为0.5192，显著高于非错报组中的0.4583（t值=-6.9291），表明错报公司的杠杆较高。错报组中 *Lna* 的均值为21.3349，非错报组中的均值为21.3122，两组之间不存在显著差异。错报组中 *Agrow* 的均值为0.1723，显著低于非错报组中的均值0.2241（t值=1.9947），表明错报公司的增长速度较慢。错报组中 *Specialist* 的均值为0.1506，非错报组中的均值为0.1229，两组之间不存在显著差异。错报组中 *Big4* 的均值为0.0370，显著低于非错报组的0.0793（t值=3.5270），表明四大会计师事务所能提供更好的审计质量，进而降低了错报发生的概率。错报组中 *AR* 的均值为0.1260，显著高于非错报组中的0.1116（t值=-2.9330），表明具有更多应收账款的公司更可能发生错报。错报组中 *INV* 的均值为0.1727，非错报组中的均值为0.1694，两组之间不存在显著差异。错报组中 *LIQ* 的均值为1.4951，显著低于非错报组中的1.6178（t值=1.6763），表明流动比率较低的公司易发生错报。错报组中 *SUB* 的均值为2.5117，非错报组中的均值为2.3902，两组之间不存在显著差异。错报组中 *Forop* 的均值为0.0766，显著低于非错报组中的0.1110（t值=2.2945），表明

错报公司中较少发生外币业务。错报组中 *AR* 的均值为 0.1260，显著高于非错报组中的 0.1116（t 值 = −2.9330），表明具有更多应收账款的公司更可能发生错报。错报组中 *SOE* 的均值为 0.7371，显著高于非错报组中的 0.6658（t 值 = −3.0399），表明相对非国有企业，国有企业更可能发生错报。

表 2－1　　错报样本与非错报样本的描述性统计

变量	*Mis*	N	Mean	Std. Dev.	Min	Max	T－test of Mean Difference
lnAF	1	757	13.0241	0.4417	11.7753	16.2887	−0.0533**
	0	757	12.9708	0.4758	11.1563	15.6073	(−2.2575)
Tenure	1	757	6.1982	3.5311	1	16	−0.0687
	0	757	6.1295	3.5585	1	18	(−0.3770)
ROA	1	757	0.0207	0.0598	−0.3354	0.5580	0.0194***
	0	757	0.0401	0.0478	−0.2412	0.2465	(6.9737)
Lev	1	757	0.5192	0.1693	0.0091	0.9434	−0.0609***
	0	757	0.4583	0.1726	0.0653	0.8639	(−6.9291)
Lna	1	757	21.3349	0.8578	19.1370	25.5233	−0.0227
	0	757	21.3122	0.8531	19.2469	25.5284	−0.5155
Agrow	1	757	0.1723	0.3662	−0.4643	3.3747	0.0519**
	0	757	0.2241	0.6145	−0.4316	13.9816	(1.9947)
Specialist	1	757	0.1506	0.3579	0	1	−0.0277
	0	757	0.1229	0.3285	0	1	(−1.5712)
Big4	1	757	0.0370	0.1889	0	1	0.0423***
	0	757	0.0793	0.2703	0	1	(3.5270)
AR	1	757	0.1260	0.0992	0	0.6498	−0.0144***
	0	757	0.1116	0.0916	0	0.5611	(−2.9330)
INV	1	757	0.1727	0.1430	0	0.8313	−0.0033
	0	757	0.1694	0.1412	0.0002	0.8767	(−0.4521)

续表

变量	*Mis*	N	Mean	Std. Dev.	Min	Max	T-test of Mean Difference
LIQ	1	757	1.4951	1.6612	0.1196	29.8503	0.1227*
	0	757	1.6178	1.1389	0.2040	11.6951	(1.6763)
SUB	1	757	2.5117	1.4586	0	8.6603	-0.1215
	0	757	2.3902	1.5991	0	9.5394	(-1.5442)
Forop	1	757	0.0766	0.2662	0	1	0.0343**
	0	757	0.1110	0.3143	0	1	(2.2945)
SOE	1	757	0.7371	0.4405	0	1	-0.0713***
	0	757	0.6658	0.4720	0	1	(-3.0399)

注意：*Mis*=1表示错报组，*Mis*=0表示非错报组；括号内表示t值；括号上的数值表示两组间的均值差异t检验；***，**，*分别表示在1%，5%以及10%的水平上显著（双尾检验）。

2.4 实证检验结果

本部分检验审计费用是否会受到会计错报的正向影响，并检验这种关系是否取决于审计任期。在回归分析前，本章进行了相关性分析，结果如表2-2所示。*Mis*与*lnAF*的相关性系数为0.0580，且在两颗星水平上显著；*Tenure*与*lnAF*的相关性系数为0.1671，且在三颗星水平上显著，表明错报与审计任期可能会正向地影响审计费用。此外，大多数控制变量与*lnAF*相关。*Lev*与*lnAF*的相关性系数为0.1998，且在三颗星水平上显著，表明资产负债率正向影响审计费用；*Lna*与*lnAF*的相关性系数为0.5358，且在三颗星水平上显著，表明公司规模正向影响审计费用；*Agrow*与*lnAF*的相关性系数为-0.0459，且在一颗星水

表 2-2 相关性分析

	lnAF	*Mis*	*Tenure*	*ROA*	*Lev*	*Lna*	*Agrow*	*Specialist*	*Big4*	*AR*	*INV*	*LIQ*	*SUB*	*Forop*	*SOE*
lnAF	1														
Mis	0.0580 **	1													
Tenure	0.1671 ***	0.0097	1												
ROA	0.0248	-0.1765 ***	-0.0379	1											
Lev	0.1998 ***	0.1754 ***	0.0792 ***	-0.3101 ***	1										
Lna	0.5358 ***	0.0133	0.1241 ***	0.1030 ***	0.3132 ***	1									
Agrow	-0.0459 *	-0.0512 **	-0.0900 ***	0.1572 ***	0.0477 *	0.0417	1								
Specialist	0.0386	0.0404	-0.0282	-0.0122	0.0156	0.0026	0.0048	1							
Big4	0.1745 ***	-0.0903 ***	0.0873 ***	0.0753 ***	-0.0603 **	0.1678 ***	-0.0214	0.0080	1						
AR	-0.0289	0.0752 ***	-0.0860 ***	-0.1532 ***	0.1139 ***	-0.1856 ***	-0.0711 ***	0.0143	-0.0396	1					
INV	0.0074	0.0116	0.0069	-0.0397	0.2140 ***	0.0038	0.0874 ***	-0.0056	-0.0241	-0.0558 **	1				
LIQ	-0.1329 ***	-0.0431 *	-0.1044 ***	0.1641 ***	-0.5449 ***	-0.1999 ***	0.0636 **	0.0024	0.0249	-0.0318	0.0978 ***	1			
SUB	0.4036 ***	0.0397	0.1891 ***	-0.0117	0.1360 ***	0.2834 ***	-0.0984 ***	-0.0337	0.0666 ***	0.0285	0.0881 ***	-0.0867 ***	1		
Forop	0.2355 ***	-0.0589 **	0.0261	0.1118 ***	0.0067	0.2229 ***	-0.0155	-0.0489 *	0.0460 *	0.0075	0.0460 *	0.0064	0.2533 ***	1	
SOE	0.0628 **	0.0779 ***	0.0860 ***	-0.0635 **	0.0490 *	0.1905 ***	-0.0552 **	0.0076	0.0880 ***	-0.0373	-0.0916 ***	-0.0832 ***	-0.0445 *	-0.0525 **	1

注意：***，**，*分别表示在1%，5%以及10%的水平上显著（双尾检验）；下同。

平上显著，表明公司增长速度负向影响审计费用；*Big*4 与 *lnAF* 的相关性系数为 0.1745，且在三颗星水平上显著，表明四大会计师事务所的审计收费较高；*LIQ* 与 *lnAF* 的相关性系数为 -0.1329，且在三颗星水平上显著，表明流动资产占比正向影响审计费用；*SUB* 与 *lnAF* 的相关性系数为 0.4036，且在三颗星水平上显著，表明子公司数量正向影响审计费用；*Forop* 与 *lnAF* 的相关性系数为 0.2355，且在三颗星水平上显著，表明有外币经营业务会增加审计收费；*SOE* 与 *lnAF* 的相关性系数为 0.0628，且在两颗星水平上显著，表明国有企业比非国有企业支付较高的审计费用。进一步的结果还需要多元回归分析予以验证。

在自变量之间，*ROA* 与 *Lev*（-0.3101），*Lev* 与 *Lna*（0.3132）之间的相关性系数较高，其他自变量之间的相关性系数均较低。总体来说，相关性问题应不会对本章结论有重大影响。但为使得结果更加可信，本章进行了多重共线性检验，发现所有的 VIF 均远低于 10。因此，本章不存在严重的多重共线性问题。

表 2-3 列示了审计费用对会计错报、审计任期以及其他控制变量的回归结果，因变量为 *lnAF*。第（1）列列示了会计错报对审计费用的影响。同预期一致，本章发现错报变量（*Mis*）的回归系数为 0.0539，显著为正（t 值为 2.8201），在 1% 的水平上显著，表明错报公司的审计费用高于非错报公司的审计费用，假设 H_{2-1} 得到了支持。第（2）列列示了审计任期对审计费用与错报之间关系的调节作用。*Mis* 的系数为 0.0536，并在 1% 的水平上显著（t 值为 2.8163），而 *Mis* 与 *Tenure* 之间的交互项系数为 -0.0135（t 值为 -2.5969），在 1% 的水平上显著，表明随着审计任期的上升，审计费用与错报之间的正向关系变弱，支持了假设 H_{2-2}。说明会计师事务所对审计客户的费用依赖性对着审

计任期的上升会减弱。此外，在控制变量方面，资产负债率（*Lev*）的回归系数为0.1356（t值为1.7527），在10%的水平上显著，表明公司资产负债率正向影响审计费用；公司规模（*Lna*）的回归系数为0.2319（t值为16.1802），在1%的水平上显著，表明公司规模正向影响审计费用；审计行业专长（*Specialist*）的回归系数为0.0557（t值为1.9716），在1%的水平上显著，表明具有审计行业专长的会计师事务所正向影响审计费用；会计师事务所规模（*Big4*）的回归系数为0.1225（t值为2.9252），在1%的水平上显著，表明四大会计师事务所收取较高的审计费用；子公司数（*SUB*）的回归系数为0.0644（t值为9.0874），在1%的水平上显著，表明子公司规模正向影响审计费用；是否具有外币业务（*Forop*）的回归系数为0.1196（t值为3.5076），在1%的水平上显著，表明具有外币业务会提高审计费用。

表2-3　错报、审计任期对审计费用的回归结果

	预期符号	(1) *lnAF*	(2) *lnAF*
Intercept		7.7912*** (23.8049)	7.7542*** (23.7966)
Mis	+	0.0539*** (2.8201)	0.0536*** (2.8163)
Tenure	+		0.0087*** (3.1126)
Tenure * *Mis*	-		-0.0135*** (-2.5969)
ROA	?	-0.1007 (-0.5247)	-0.0870 (-0.4554)

续表

	预期符号	(1) *lnAF*	(2) *lnAF*
Lev	?	0.1356 * (1.7527)	0.1392 * (1.8083)
Lna	+	0.2319 *** (16.1802)	0.2322 *** (16.2764)
Agrow	?	−0.0226 (−1.1675)	−0.0203 (−1.0518)
Specialist	+	0.0557 ** (1.9716)	0.0532 * (1.8917)
*Big*4	+	0.1225 *** (2.9252)	0.1127 *** (2.6953)
AR	+	0.0698 (0.6016)	0.0932 (0.8061)
INV	+	−0.0934 (−1.1194)	−0.0866 (−1.0402)
LIQ	?	−0.0022 (−0.2663)	−0.0009 (−0.1068)
SUB	+	0.0644 *** (9.0874)	0.0600 *** (8.4002)
Forop	+	0.1196 *** (3.5076)	0.1254 *** (3.6900)
SOE	?	−0.0253 (−1.1728)	−0.0311 (−1.4395)
∑*Econ dummy*		已控制	已控制
∑*Year dummy*		已控制	已控制
∑*Indu dummy*		已控制	已控制

续表

预期符号	(1)	(2)
	lnAF	lnAF
Observations	1514	1514
F value	26.88	26.22
Adj R^2	0.4002	0.4060

注意：括号内表示 t 值；***，**，* 分别表示在 1%，5% 以及 10% 的水平上显著（双尾检验）。

本章又进行了一系列敏感性分析以使得本章的结论更为稳健。首先，本章使用两种不同方式的分类变量以说明审计任期对审计费用的影响。（1）以审计任期的中位数为基准，来描述长任期或短任期（*Dtenu*），当 *Tenure*≥中位数时 *Dtenu* 取 1，否则为 0。（2）借鉴以往研究（Johnson，Khurana 和 Reynolds，2002；Carcello 和 Nagy，2004；Lim 和 Tan，2010；Stanley 和 DeZoort，2007），当审计任期为 3 年以下时，短任期（*Short*）为 1，否则为 0；当审计任期为 7 年或 7 年以上时，长任期（*Long*）为 1，否则为 0。从表 2-4 的第（1）列中可以看出，*Mis* 与 *Dtenu* 的交互项系数为 -0.0923（t 值为 -2.4673），在 5% 的水平上显著为负，同本章先前得到的结论一致。在第（2）列中，可以看出，*Mis* 与 *Long* 之间的交互项系数为 -0.0801（t 值为 -1.8094），在 10% 的水平上显著为负，表明当审计任期大于 6 年时，审计费用与错报之间的正向关系较为弱化。然而，*Mis* 与 *Short* 之间的交互项系数为 0.0279，未通过显著性水平。这可能是由于削弱的审计费用依赖性只存在于长任期，而在短任期与中间任期之间不存在显著差异。

表 2-4　　补充分析的 OLS 回归结果

	预期符号	(1) lnAF	(2) lnAF
Intercept		7.7813***	7.8158***
		(23.8301)	(23.9808)
Mis	+	0.0534***	0.0541***
		(2.8002)	(2.8463)
Dtenu	+	0.0349*	
		(1.7811)	
*Dtenu * Mis*	-	-0.0923**	
		(-2.4673)	
Short	?		-0.0748***
			(-3.0216)
Long	?		-0.0014
			(-0.0596)
*Short * Mis*	+		0.0279
			(0.5668)
*Long * Mis*	-		-0.0801*
			(-1.8094)
ROA	?	-0.0872	-0.0925
		(-0.4551)	(-0.4843)
Lev	?	0.1373*	0.1321*
		(1.7797)	(1.7153)
Lna	+	0.2319***	0.2323***
		(16.2182)	(16.2800)
Agrow	?	-0.0228	-0.0195
		(-1.1800)	(-1.0087)

续表

	预期符号	(1) *lnAF*	(2) *lnAF*
Specialist	+	0.0518 * (1.8348)	0.0508 * (1.8060)
Big4	+	0.1133 *** (2.7007)	0.1108 *** (2.6474)
AR	+	0.0791 (0.6831)	0.0940 (0.8126)
INV	+	-0.0845 (-1.0125)	-0.0870 (-1.0444)
LIQ	?	-0.0013 (-0.1648)	-0.0018 (-0.2153)
SUB	+	0.0621 *** (8.7179)	0.0625 *** (8.7903)
Forop	+	0.1239 *** (3.6303)	0.1200 *** (3.5203)
SOE	?	-0.0259 (-1.2022)	-0.0263 (-1.2247)
∑*Econ dummy*		已控制	已控制
∑*Year dummy*		已控制	已控制
∑*Indu dummy*		已控制	已控制
Observations		1514	1514
Fvalue		25.92	25.06
Adj R^2		0.4031	0.4061

注意：括号内表示t值；***，**，* 分别表示在1%，5%以及10%的水平上显著（双尾检验）。

通过实际审计费用与预期审计费用之间的差异，本章得到了未预期审计费用。具体来讲，实际审计费用由正常审计费用以及未预期审计费用两部分构成。使用表2－5中第（1）列的估计系数，本章计算得到了实际审计费用（*AF*）的预测值，并将其命名为“正常审计费用”。在此基础上，本章通过计算实际审计费用与正常审计费用的差构成了未预期审计费用（*UAF*）。在表2－5的第（2）列与第（3）列中，本章又加入了其他控制变量。可以看出，在第（2）列与第（3）列中，*Mis* 与 *UAF* 显著正相关，而审计任期的调节作用也依然存在。

表2－5　　错报与审计任期对未预期审计费用的回归结果

	(1)	(2)	(3)
	lnAF	*UAF*	*UAF*
Intercept	7.5341***	－0.0308	－0.0544
	(22.9616)	(－0.2525)	(－0.4459)
ROA	－0.0506		
	(－0.2603)		
Lev	0.1140		
	(1.4606)		
Lna	0.2440***		
	(17.2414)		
Agrow	－0.0260		
	(－1.3143)		
AR	0.1031		
	(0.8699)		
INV	－0.0901		
	(－1.0572)		
LIQ	0.0001		
	(0.0068)		

续表

	(1)	(2)	(3)
	lnAF	*UAF*	*UAF*
SUB	0.0752 ***		
	(10.5554)		
Forop	0.1283 ***		
	(3.6862)		
Mis		0.0530 ***	0.0519 ***
		(2.8610)	(2.8113)
Tenure			0.0076 ***
			(2.7904)
			-0.0127 **
*Tenure * Mis*			(-2.4560)
		(2.7395)	(2.5058)
SOE		-0.0277	-0.0332
		(-1.3193)	(-1.5757)
Specialist		0.0543 *	0.0512 *
		(1.9305)	(1.8263)
$\sum$ *Econ dummy*	已控制	已控制	已控制
$\sum$ *Year dummy*	已控制	已控制	已控制
$\sum$ *Indu dummy*	已控制	已控制	已控制
Observations	1514	1514	1514
Fvalue	27.26	2.39	2.69
Adj R^2	0.3711	0.0269	0.0346

注意：括号内表示 t 值；***，**，* 分别表示在 1%，5% 以及 10% 的水平上显著（双尾检验）。

2.5　小结

本章通过手工收集 2003 ~ 2011 年中国上市公司的财务重述数据，得到 2002 ~ 2009 年年报错报的数据，检验了公司会计错报对审计费用的影响。具体来讲，错报公司的审计费用是否高于非错报公司的审计费用，并检验了审计任期对审计费用与错报两者之间关系的调节作用。

本章发现错报公司的审计费用显著高于非错报公司的审计费用。此外，本章提供证据表明审计任期会负向地调解审计费用与错报之间的正向关系，这表明会计师事务所的审计费用依赖性在短任期的情形下要强于长任期的情形下。本章从审计费用与会计错报的角度说明了审计任期较长，有助于降低会计师事务所对审计费用的依赖性。本书的研究结论为上市公司、会计师事务所以及监管部门提供了相应的政策建议。

第3章

审计费用、会计师事务所声誉对会计错报的影响研究

3.1 引言

本章从会计错报的视角试图检验审计费用与审计质量之间的关系，并关注会计师事务所声誉对这种关系的调节作用。不同于其他发达国家的研究，在这些国家中会计师事务所同时具有声誉动机和诉讼防范（Larcker 和 Richardson，2004；Antle 等，2006；Mitra，Deis 和 Hossain，2009；Choi，Kim 和 Zang，2010；Hribar，Kravet 和 Wilson，2014；Skinner 和 Srinivasan，2012），本章试图以中国资本市场为背景检验审计费用、会计错报以及会计师事务所声誉之间的关系，在这种情境下审计师的法律责任较弱。尽管中国和美国财务报表中的会计错

报类似，中国的会计错报的发生有着自身特有的制度环境和监管要求。比如中国资本市场下大股东能够剥削小股东（Zou 等，2008）中国的会计师事务所也面临非常不同的法律环境。

Skinner 和 Srinivasan（2012）利用日本的数据，发现当法律诉讼不能给审计人员提供高质量审计动机时，审计师的声誉动机就变得尤为重要。具体来说，他们发现几乎四分之一的普华永道的审计客户在审计质量出现问题后会解聘审计师。同日本相比，中国的审计师面临较少的法律责任。尽管会计师事务所需要应对因财务报表中存在问题的潜在诉讼风险，他们基本很少会被投资者指控（Liu，Su 和 Wei，2010）。中国审计师需要更多考虑的是来自监管部门的处罚（比如，中国证监会，财政部以及中国注册会计师协会、深圳证券交易所与上海证券交易所），尽管这些处罚都很微小[①]。此外，中国注册会计师协会提供的事务所排名信息一定程度上能够反映会计师事务所声誉。这就意味着，会计师事务所最为关注的并不是诉讼风险，而是来自行政监管部门的处罚以及行业自律的惩戒。

不同于以往关注审计费用与审计质量关系使用异常审计费用的研究（Larcker 和 Richardson，2004；Antle 等，2006），本书关注审计费用对会计错报的影响。DeFond，Raghunandan 和 Subramanyam（2002）发现审计师对客户应计以及盈余特征的影响是间接的。这是由于审计师可能注意到客户的会计选择并检查同应计相关的项目，花费了大量时间（Schelleman 和 Knechel，

① 近几年，最为臭名昭著的财务重述案件可能就要当属 2013 年的万福生科事件以及 2011 年的云南绿大地事件了。这两家上市公司的会计师事务所分别为中磊会计师事务所与鹏城会计师事务所。中国证监会对这两家公司开出了非常严重的处罚，即吊销证券资格。然而，中磊会计师事务所与鹏城会计师事务所在处罚正式执行前分别合并进入到大信和国富浩华会计师事务所。

2010）。因此，高应计反而意味着重大错报的风险较低。本章从上市公司发布的财务重述公告中得到了错报数据，这些错报的发现和披露需要时间，同时也意味着审计师第一时间未能发现和披露。因此，本章中的会计错报意味着审计质量较低。本章也不同于 Choy 和 Gul（2008）的研究，他们使用审计质量和信用理论检验财务重述对审计师—客户之间的信任关系。在学者们看来，财务重述会损害会计师事务所声誉，审计客户会要求降低审计费用以弥补质量可能会下降的审计服务。

本章首先检验审计费用如何影响会计错报的发生。如前文所述，很多研究关注审计费用对审计质量的影响。有些认为高审计费用表明审计师努力程度较高，相应地会提升审计质量（Lobo 和 Zhao，2013）。相反，还有理论提出较高的异常审计费用意味着存在审计合谋的可能，会损害审计独立性，或降低审计质量（Choi，Kim 和 Zang，2010；Hribar，Kravet 和 Wilson，2014）。本章使用具有较低市场集中度的中国审计市场来检验审计费用对会计错报的影响作用。对中国审计师来说，诉讼风险几乎是零，因此他们有更多的动机去顺从审计客户的会计选择以实现一己之利。审计合谋在中国资本市场比发达国家要更为普遍。

其次，本章检验审计费用与会计错报之间的关系是否会受到会计师事务所声誉的调节，用会计师事务所违规和排名两方面予以衡量。中国情境下的一个特有特征在于会计师事务所与上市公司面临来自投资者的诉讼风险近乎是零，他们主要担忧的是监管部门的处罚，特别是来自证监会的处罚。当会计师事务所在其任期期间进行过违规，最终会被证监会查处和处罚。除此以外，中注协每年会对会计师事务所给出排名，这种排名是建立在事务所的收入、注册会计师人数、培训完成情况、行业领军人才以及惩罚几方面构成[①]。因此，中注协的官方会计师事务所排名可以成为衡量其声誉的一个较好指标。

本章的研究动机源于以下两个方面。首先，监管部门与政策制定者对于财务重述和会计错报都很关注，这不仅是在美国（Anderson 和 Yohn，2002；Palmrose，Richardson 和 Scholz，2004；Kravet 和 Shevlin，2010），在中国也同样成立（魏志华，李常青和王毅辉，2009；中国财政部，2006）。由于中国转型经济的快速发展，中国投资者主要关注的是公司透明度、诚信，以及上市公司和金融中介的监督和管理体系（Anderson，2000）。然而，从实际中来看，欺诈、舞弊现象层出不穷，这些会拖累中国经济的发展，意味着中国经济的高速发展伴随着一些污点。同这些担忧相关的是，学者、从业者以及政策制定者开始关注审计师能否减少会计错报的发生，因为审计人员可能会因为费用独立性而顺从审计客户（Frankel，Johnson 和 Nelson，2002；Larcker 和 Richardson，2004；Antle 等，2006；Mitra，Deis 和 Hossain，2009；Choi，Kim 和 Zang，2010；Hribar，Kravet 和 Wilson，2014），特别是中国这样的审计市场，审计师几乎只需要承担零风险。投资者和报表使用者关注审计费用和会计错报之间的关系对其决策方面是有意义的。

其次，中国的会计师事务所在面临零投资者诉讼风险的情况下，主要担忧的是来自证监会的行政处罚以及中注协的行业自律监管。审计市场更像是买方市场，会计师事务所很难向其客户说不。因此，相对其他国家，中国的审计师更可能违反审计准则。本章通过检验审计费用对会计错报的影响是否会被审计师声誉所

① 请从中国注册会计师协会网站了解详情：http：//www. cicpa. org. cn/Column/swszhpm/。

调节，以验证审计师声誉在费用依赖性方面的有用性。

本章有以下方面的贡献。首先，在会计错报的情境下证实了审计费用与审计质量之间存在关系，特别是在投资者保护机制较弱的情境下。不同于以往检验财务重述与审计费用之间关系的研究（Blankley，Hurtt 和 MacGregor，2012；Lobo 和 Zhao，2013），它们关注的是法律诉讼较强的环境。本章则关注诉讼风险较低的中国审计市场，审计师更加可能会出于一己之利而帮助审计客户润色财务报表。本章在这种情境下检验审计费用对会计错报的影响。本章的结果有助于证实在投资者保护机制较弱的情形下，审计费用对会计错报的负向影响也是成立的。其次，本章发现审计费用与错报之间的负向关系会被会计师事务所声誉调节。具体来说，当会计师事务所在错报年度进行违规或者其由中注协给出的排名较低时，这种负向关系就较为弱化。换句话来说，在中国对声誉较好的会计师事务所是值得支付较高审计费用的。

本章关注中国资本市场的数据检验审计费用、会计错报以及会计师事务所声誉之间的关系具有如下原因。已有文献关注审计师的诉讼/保险动机以及声誉动机（Larcker 和 Richardson，2004；Antle 等，2006；Mitra，Deis 和 Hossain，2009；Choi，Kim 和 Zang，2010；Hribar，Kravet 和 Wilson，2014；Skinner 和 Srinivasan，2012），尽管中国审计师的法律责任很弱（Liu，Su 和 Wei，2010）。本章的结论表明较高的审计费用能够抑制会计错报，即使是在审计师法律责任较小的情形下，表明较高的审计费用一定程度上能够反应审计质量。中国提供了合适的制度背景检验当缺乏法律诉讼时，会计师事务所声誉的重要性。结论表明审计费用与会计错报之间的负向关系在低审计师声誉下会被弱化。这个结论表明声誉动机而非诉讼动机能够更好地解释中国审计市场中的审计质量问题。

本章构成部分如下：第二节描述中国审计市场的制度背景；第三节回顾了已有文献并提出相应的假设；第四节说明了样本以及研究设计；第五节列示了回归结果、结果解释以及进一步分析；第六节为结论。

3.2　制度背景

在回顾已有文献之前，有必要说明下中国审计市场的制度背景。很多会计师事务所成立于 20 世纪 80 年代，很多审计人员隶属于地方政府（Wang，Wong 和 Xia，2008）。直到 1992 年，四大会计师事务所被允许以合并的方式在我国进行执业。截至 2013 年年底，我国有 7288 家会计师事务所以及 95349 名执业注册会计师，这其中有 47 家会计师事务所[①]（包括四大）具有审计上市公司的资格。

中国的审计市场属于寡头垄断，市场集中度较低（Ma，Zhang 和 Yang，2015）。因此，较低的市场集中度会使得会计师事务所之间存在激烈的竞争。比如，截至 2012 年年底，四大会计师事务所在中国的市场份额（以客户数量为标准）只有 6.22%，远远低于发达国家的相应水平。为了能够帮助会计师事务所获得独立性并摆脱同政府之间的关系，中国注册会计师协会与财政部于 1996 年发起了会计师事务所分离项目（Firth，Rui 和 Wu，2012）。然而，很多会计师事务所试图维持或扩大审计市场份额，不得不屈从客户，提供了低质量的审计，最终导致 20 世纪 90 年代末和 21 世纪初的一系列财务舞弊、会计丑闻。

① 观测值变小的原因在于会计师事务所的合并。

中国政府随后采取了很多措施试图恢复公众对审计行业的信任（Bandyopadhyay, Chen 和 Yu, 2014）。其中的一项措施便是由中国注册会计师协会于 2003 年发起的会计师事务所排名。中注协试图提升审计行业整体的透明度、独立性以及执业质量，并选拔高质量的审计人员。这个排名指标较为全面，不但涵盖了会计师事务所的规模，同时还考虑到其他特征，包括：经营收入、注册会计师人数、培训情况、行业领军人才[①]以及惩戒情况。这项排名指标被广泛用于有关中国审计市场问题的研究中（Lin 和 Liu, 2009；Lin, Liu 和 Wang, 2009；Liu 和 Subramaniam, 2013）。同成熟市场相比，中国的会计师事务所面临较低的诉讼风险（Ma, Zhang 和 Yang, 2015），由中注协提供的排名指标在监管审计市场以及评价会计师事务所的声誉方面发挥着重要作用，已经使得会计师事务所本身和审计客户在评价审计师时非常重视排名。

在美国，公众公司会计监督委员会（PCAOB）通过监督上市公司的审计来保护投资者利益，然而在我国却没有一个类似 PCAOB 的机构。所有的会计师事务所与审计师都是在中国注册会计师协会的管理和监督下，同时具有审计上市公司资格的会计师事务所及其审计人员也会面临中国证监会的双重管理和监督。中国注册会计师协会只能够惩戒会计师事务所及其审计人员，而证监会可以执行行政惩罚。当会计师事务所违规行为较为严重时，一般都是由证监会执行处罚。

---

① 财政部要求中注协寻找优质的审计人员并将他们培养成为注册会计师行业的领军人才，以壮大中国民间审计行业。

3.3 文献回顾与假设提出

审计研究的文献提出审计师提供审计质量有两方面的动机：诉讼/保险动机与声誉动机（Skinner 和 Srinivasan，2012）。对于第一个动机潜在的解释是审计师有动机提供高质量的审计服务以避免潜在的投资者诉讼风险。这是由于根据“深口袋”理论，当出现审计失败时，审计师需要承担相应的责任并且向投资者提供赔偿。而对于第二个声誉动机的解释在于，审计师有动机保护自身声誉。这是由于声誉是需要时间和成本长期投入才能形成的，然而声誉的损毁却只是在审计失败后瞬间造就的。当会计师事务所的声誉受损，审计客户会选择其他事务所。由此可见，审计费用同审计质量有关，而审计师声誉同审计费用以及审计质量也均存在关系。

3.3.1 审计费用与审计质量

较高的审计费用可能意味着审计师注意到客户的经营风险较高，因而要求较高的审计收费以抵御风险。Niemi（2002）发现当审计师注意到客户的经验风险高于平均水平时，审计风险就包括了风险溢价。审计费用为审计师与客户之间创造了一种经济上的连接纽带（Kinney 和 Libby，2002）。审计费用在一定程度上反映了会计师事务所与审计师工作的努力程度（Whisenant 等，2003），即审计费用与审计努力程度之间是一种正向关系。从理论上说，较低的审计努力程度会导致难以发现错报，使得很多错报被忽视掉（Shibano，1990；Matsumura 和 Tucker，1992；Hillegeist，1999）。Lobo 和 Zhao（2013）在控制了审计风险调整后，发现审计费用与财务重述之间是一种负向关系。

本章认为审计费用反映了审计努力程度。因此，得到较高审计费用的审计师比收费较少的审计师更可能发现客户报表中的会计错报。否则的话，他们会失去尊严或者丢面子，因为在这种情况下他们会被贴上高薪低能的标签。本章提出如下假设以提供实证证据：

H_{3-1}：错报发生的概率与审计费用负相关。

3.3.2 审计师声誉、审计费用与审计质量

Skinner 和 Srinivasan（2012）关注日本的审计市场，审计师的法律责任近乎是没有的，同中国类似。中日两国均提供了合适的环境以检验在缺乏审计诉讼的情形下审计师声誉的重要性。Murase，Numata 和 Takeda（2011）认为，从声誉视角来看，审计质量的价值在于监督和和证实财务报表的真实性和可靠性，以缓解股东之间、股东与经理层之间的代理问题。关注审计师声誉的研究通常关注会计师事务所的规模，比如是否四大/六大。规模较大的会计师事务所由于有充足的客户能够避免对少数客户的依赖，因此更加可能抵御审计费用的压力（DeAngelo，1981；Teo 和 Wong，1993）。由于规模大的会计师事务所在面临审计诉讼时比规模小的会计师事务所能够提供更多的赔偿，因此声誉动机和诉讼动机能够解释为什么会计师事务所规模与审计质量之间是一种正向关系。

近几年，有研究试图区分声誉动机与诉讼动机。kinner 和 Srinivasan（2012）发现审计质量与审计声誉对于审计诉讼难以影响到审计师提供的审计质量时，显得尤为重要。尽管已有研究证实了审计师声誉对于审计质量的重要性，本章试图进一步关注审计师声誉如何影响审计费用与会计错报两者之间的关系。

对于会计师事务所来说，良好声誉的形成需要数年时间以及各方面资源的花费，一旦不良行为被发现，声誉很快就会被损毁。因此，声誉好的会计师事务所更可能在意自身的声誉，他们会要求更高的审计收费以同其他会计师事务所相区别并提供更好的审计质量。2012 年年末，中国注册会计师协会成立了一支专门的小组以分析如何提升会计师事务所的品牌，这也是为了满足财政部的一项要求。如果会计师事务所的声誉能够说明审计质量，那么收取较高审计费用、声誉较高的事务所应该会更好地抑制会计错报的发生。由此，本章提出如下假设：

H_{3-2}：审计费用对会计错报的负向影响作用在审计师声誉较低时会被弱化。

会计师事务所违规被视为一种低审计声誉，表明审计师会顺从客户的会计选择以实现个人利益。如前所述，中国的小规模会计师事务所话语权较少。此外，当会计师事务所违规行为被发现和曝光后，它们也只是面临来自监管部门的处罚，处罚形式通常都是罚款、警告、没收违法所得等。在这种情形下，审计费用不能够很好地反映审计努力程度，而更多像一种联结审计师与客户之间关系的纽带。因此，本章提出，当会计师事务所在审计客户的错报年度有违规时，会计错报与审计费用之间的负向关系会被弱化。为了进行实证检验，本章使用会计师事务所违规作为其声誉的反向指标。

此外，中国注册会计师协会每年都会公布会计师事务所排名。排名靠前的事务所通常拥有较多客户、较高的收入以及更多优秀的审计人员。当会计师事务所排名靠前时，会更加在意自身声誉，由此本章使用会计师事务所排名来作为其声誉的衡量指标。本章提出，审计费用与会计错报之间的负向关系对于排名靠后事务所来说要较为弱化。

3.4 研究设计

3.4.1 样本选择

本章根据上市公司在2004~2013年的年报手工收集其在2001~2010年的会计错报信息①。本章中的错报信息是从财务重述中的信息中进一步手工收集获得。还有部分错报来自于巨潮资讯网中的临时报告，并通过关键词如调整、差错搜索得到②。本章不关注同股票拆分、分红、分离经营、会计政策变更以及并购相关的错报。在此基础上，本章获得2001~2010年753家上市公司的1573个会计错报的观测值。本章只关注A股市场，排除了B股市场，这是由于B股市场在很多方面不同于A股市场，比如上市条件、退市条件以及披露方面的要求。审计费用与其他数据来自由深圳国泰安公司提供的CSMAR数据库。CSMAR数据库提供了审计费用以及其他审计相关的指标，还有各项财务指标、公司治理方面的数据以及其他数据，涵盖了所需要的样本期间的所有数据③。最终样本由674家公司的1241个会计错报观测值以及未发生错报的9367个公司年观测值构成。

3.4.2 回归模型

本章试图检验审计费用对会计错报的影响，并使用错报发生

---

① 错报的数据来自随后财务报表中财务重述的具体信息。

② URL：http：//www.cninfo.com.cn/。

③ 样本期间的选择是由于审计费用的可获得性。我国资本市场直到2001年才强制要求上市公司披露财务报表审计费用。

的年度作为研究的基准年度。本章的解释变量是审计费用的自然对数（*LnAF*）。为验证假设，本章使用会计错报发生的频率来作为因变量。同时为了更好说明审计费用对会计错报的影响，使用审计客户层面的因素，比如客户的规模以及风险作为控制变量。借鉴 Pfarrer，Pollock 和 Rindova（2010）的研究，本章使用随机效应的 logit 回归检验假设 H_{3-1}与 H_{3-2}，因为本章主要关注的是公司之间的差异且有些预测变量多数情况下在时间上是不变化的[①]。

针对假设 H_{3-1}的回归模型如下（下标省略，下同）：

$$MIS = \alpha_0 + \alpha_1 LnAF + \alpha_2 ROA + \alpha_3 LEV + \alpha_4 LNA + \alpha_5 AGROW + \alpha_6 AO + \alpha_7 CHANGE + \alpha_8 TENURE + \sum Year + \sum Industry + \varepsilon \quad (3-1)$$

借鉴 Whisenant，Sankaraguruswamy 和 Raghunandan（2003）以及 Blay 和 Geiger（2013），本章将解释变量 *LnAF* 定义为审计费用的自然对数。

针对假设 H_{3-2}的回归模型如下：

$$MIS = \alpha_0 + \alpha_1 LnAF + \alpha_2 REPU + \alpha_3 LnAF \times REPU + \alpha_4 ROA + \alpha_5 LEV + \alpha_6 LNA + \alpha_7 AGROW + \alpha_8 AO + \alpha_9 CHANGE + \alpha_{10} TENURE + \sum Year + \sum Industry + \varepsilon \quad (3-2)$$

LnAF 与 *REPU* 之间的交互项是假设 H_{3-2}的关注点。具体来说，会计师事务所违规变量（*VIO*）与会计师事务所排名与（*RANK*）是会计师事务所声誉（*REPU*）的反向指标。*VIO* 是一个分类变量，当会计师事务所在 t 年度违规或者有舞弊而被中国

① 本章也使用了 logit 回归模型，结果类似。

证监会查处时为1，否则为0[1]。*RANK*为由中国注册会计师协会每年提供的会计师事务所排名。这就意味着，*VIO*与*RANK*的数值越高，会计师事务所的声誉就越差。

本章使用哑变量*MIS*以说明公司是否发生会计错报。而本章的检验变量包括审计费用的自然对数（*LnAF*），会计师事务所是否违规（*VIO*），以及会计师事务所排名的连续变量（*RANK*）。为了控制盈利能力和公司成长情况，本章使用*ROA*与*AGROW*。前者为总资产收益率，后者为总资产增长率。本章还控制了公司规模以及财务杠杆，分别由*LNA*与*LEV*表示，主要是由总资产的自然对数以及资产负债率来衡量。在相同条件下，较高的财务杠杆意味着高风险，这可能会导致会计错报的发生。审计意见类型（*AO*），会计师事务所变更频率（*CHANGE*），以及审计任期（*TENURE*）也反映在了回归中，同时还有年度和行业虚拟变量。变量说明反映在附录中。

3.5 实证检验结果

3.5.1 描述性统计

表3-1针对因变量和解释变量提供了描述性统计的结果。为确保本章的结论不会受到奇异值的影响，将连续变量在1%的

---

① 证监会可能会公布并惩罚那些帮助上市公司进行财务造假的审计人员。此外，中国注册会计师协会自1999年起开始检查会计师事务所的审计工作底稿，以确保会计师事务所执行审计准则。每当检查结束后，中注协会出具检查公告。这些检查公告说明审计师、会计师事务所的违规行为以及相应的处罚措施。基于此，本章将证监会或中注协对会计师事务所的处罚行为定义为会计师事务所违规。

水平上进行了缩尾。样本公司中会计错报发生的比重大致为11.7%，*LnAF* 变量的均值为13.169，同 Wu（2012）的结果类似。样本中会计师事务所发生违规的比重为8%，而会计师事务所排名（RANK）的均值为31.465。此外，*ROA*，*LEV*，*LNA* 以及 *AGROW* 的均值分别为0.025，0.522，21.381以及0.174。92%的样本公司被出具了标准无保留审计意见，7%的样本公司经历了会计师事务所变更，审计任期变量 *TENURE* 的均值为6.494。

表3－1还按照错报公司与非错报公司分组提供了描述性统计。可以看出，错报组中审计费用变量的均值和中位数均要较低。审计错报公司的会计师事务所更可能发生违规，而且排名较为靠后。错报公司的经营业绩也较差，且资产负债率较高。此外，还可以看出，错报公司的规模较小、增长较为缓慢，而且更可能被出具非标准审计意见，更可能发生会计师事务所变更，其会计师事务所审计任期较短。

表3－2列示了皮尔逊相关性矩阵。其中，*MIS* 变量同 *LnAF* 变量在1%的水平上显著负相关，表明错报公司的审计费用显著小于非错报公司的审计费用。同时也能看到，*MIS* 变量同 *VIO* 变量在1%的水平上显著正相关，且 *MIS* 变量同 *RANK* 变量在1%的水平上显著正相关。此外，本章未发现控制变量之间的相关性系数较高，这说明多重共线性对本章来说应该不是一个严重的问题。

3.5.2　回归结果

表3－3提供了审计费用、会计师事务所违规、会计师事务所排名以及其他控制变量对会计错报影响的随机效应的 logit 回归结果。因变量为会计错报发生的频率，而本章主要关注的变量

表 3-1　　描述性统计表

	总样本（N = 10608）			错报样本（N = 1241）			非错报样本（N = 9367）			均值差		中位数差	
Variable	Mean	Median	Std Dev	Mean	Median	Std Dev	Mean	Median	Std Dev	Difference	t - Value	Difference	z - Value
MIS	0. 117	0. 000	0. 321										
LnAF	13. 169	13. 044	0. 721	13. 049	12. 997	0. 530	13. 185	13. 082	0. 741	0. 136	6. 258***	0. 085	4. 931***
VIO	0. 084	0. 000	0. 277	0. 105	0. 000	0. 306	0. 081	0. 000	0. 273	-0. 024	-2. 807***	-0. 001	-2. 806***
RANK	31. 465	23. 000	26. 917	37. 118	31. 000	27. 038	30. 716	21. 000	26. 813	-6. 403	-7. 897***	-10. 000	-9. 849***
ROA	0. 025	0. 033	0. 089	-0. 006	0. 017	0. 111	0. 029	0. 035	0. 084	0. 035	13. 104***	0. 018	15. 235***
LEV	0. 522	0. 500	0. 313	0. 611	0. 564	0. 382	0. 510	0. 491	0. 301	-0. 100	-10. 664***	-0. 073	-11. 412***
LNA	21. 381	21. 268	1. 219	21. 196	21. 142	1. 045	21. 405	21. 292	1. 238	0. 209	5. 685***	0. 150	4. 998***
AGROW	0. 174	0. 098	0. 350	0. 107	0. 064	0. 310	0. 183	0. 103	0. 354	0. 076	7. 218***	0. 039	8. 499***
AO	0. 920	1. 000	0. 272	0. 823	1. 000	0. 382	0. 932	1. 000	0. 251	0. 110	13. 446***	0. 000	13. 333***
CHANGE	0. 073	0. 000	0. 260	0. 107	0. 000	0. 309	0. 068	0. 000	0. 252	-0. 039	-4. 986***	0. 000	-4. 980***
TENURE	6. 494	6. 000	3. 985	6. 108	6. 000	3. 808	6. 545	6. 000	4. 005	0. 437	3. 629***	0. 000	3. 294***

注：本表针对总样本、错报样本以及非错报样本进行了描述性统计。变量描述请参阅附录中的变量定义。***表示 1% 的显著性水平。

表3-2　皮尔逊相关性矩阵（N=10608）

	MIS	*LnAF*	*VIO*	*RANK*	*ROA*	*LEV*	*LNA*	*AGROW*	*AO*	*CHANGE*	*TENURE*
MIS	1.000										
	0.000										
LnAF	-0.061	1.000									
	0.000	0.000									
VIO	0.027	-0.099	1.000								
	0.005	0.000	0.000								
RANK	0.077	-0.281	-0.071	1.000							
	0.000	0.000	0.000	0.000							
ROA	-0.126	0.116	-0.065	-0.087	1.000						
	0.000	0.000	0.000	0.000	0.000						
LEV	0.103	0.041	0.046	0.030	-0.487	1.000					
	0.000	0.000	0.000	0.002	0.000	0.000					
LNA	-0.055	0.684	-0.082	-0.200	0.237	-0.098	1.000				
	0.000	0.000	0.000	0.000	0.000	0.000	0.000				
AGROW	-0.070	0.036	-0.015	-0.043	0.305	-0.158	0.148	1.000			
	0.000	0.000	0.116	0.000	0.000	0.000	0.000	0.000			
AO	-0.130	0.075	-0.068	-0.033	0.476	-0.457	0.257	0.225	1.000		
	0.000	0.000	0.000	0.001	0.000	0.000	0.000	0.000	0.000		
CHANGE	0.048	-0.020	0.050	-0.065	-0.076	0.062	-0.018	-0.049	-0.088	1.000	
	0.000	0.044	0.000	0.000	0.000	0.000	0.070	0.000	0.000	0.000	
TENURE	-0.035	0.093	-0.142	0.067	0.042	0.016	0.110	-0.092	0.067	-0.358	1.000
	0.000	0.000	0.000	0.000	0.000	0.096	0.000	0.000	0.000	0.000	0.000

注：第一行为相关性系数，第二行为P值。变量定义参照附录。

则为审计费用以及其对应的交互项。第（1）列中，*LnAF* 的回归系数为 -0.386（z value = -4.013）。这说明向审计师支付较高审计费用的公司发生会计错报的概率较低，支持了本章所提的假设。这个结果表明审计费用是能较好反应审计努力程度的代理变量，能够有助于发现并抑制错报。这一发现也同 Lobo 和 Zhao（2013）的结论一致，他们在控制审计风险以及未审计的报告后证实了审计费用与年度报表的财务重述之间存在显著的负向关系。

表 3-3 的第（2）列中，*LnAF* 的回归系数为 -0.385（z-value = -3.986）。*LnAF* 与 *VIO* 之间的交互项系数为 0.505（z-value = 2.085），支持了本章提出的假设。这个结果表明会计师事务所违规会弱化会计错报与审计费用之间的负向关系，即审计费用衡量的审计努力观在会计师事务所出现违规时较弱，证实了假设 H_{3-2}。需要注意的是，表 3-3 第（2）列中展示的结果意味着会计师事务所声誉不但缓解了审计费用与审计质量之间的关系，而且还完全逆转了这种关系。*LnAF* 同 *LnAF* × *VIO* 的系数之和为正（$-0.385+0.505>0$）。这也就意味着，当会计师事务所声誉较低时，高审计费用意味着低审计质量。不同于会计师事务所排名，会计师事务所违规意味着审计时违反了规定和法律法规的要求，会严重损害其声誉。随着会计师事务所违规的发生，审计费用与会计错报之间的关系可能为正。这个原因，可能在于审计合谋。在这种情形下，会计师事务所向客户收取较高的审计费用以弥补风险溢价。因此，本章只关注高审计费用的样本（三等份），然后按照会计师事务所是否发生违规进行分组，并检验是否发生会计错报在会计师事务所违规组与未违规组之间是否具有显著差异。下表的 t 检验结果（会计师事务所的非违规组与违规组在发生错报上的均值差异为 -0.132，t-value = -

2.349，在 5% 的水平上显著）表明当审计费用较高时，会计错报更可能发生在会计师事务所违规的情形下，证实了随着会计师事务所违规的发生，审计费用与会计错报之间的关系可能为正。

表 3-3

因变量	组别	观测值	均值	均值差异
MIS	非违规	307	0.124	-0.132 **
	违规	43	0.256	(-2.349)

注意：上标 ***，**，与 * 分别表示显著性水平在 1%，5%，以及 10% 的水平上（双尾检验）；括号内表示 t 值；均值差异反映的是非违规组中 *MIS* 的均值与违规组中 *MIS* 的均值之差。

表 3-4 的第（3）列展示的回归结果表明 *LnAF* 的回归系数为 -0.293（z-value = -2.945）。*LnAF* 与 *RANK* 的交互项系数为 0.010（z-value = 3.808），同样也证实了假设 H_{3-2}。这个结果表明会计错报与审计费用之间的负向关系会随着会计师事务所排名的靠后而弱化。本章的这一发现在一定程度上也支持了由中国注册会计师协会提供的会计师事务所排名，表明排名靠前的会计师事务所提供的审计质量较高。

表 3-4　会计错报、审计费用、会计师事务所违规、会计师事务所排名关系的随机效应的 Logit 回归结果

	MIS		
	(1)	(2)	(3)
LnAF	-0.386 ***	-0.385 ***	-0.293 ***
	(-4.013)	(-3.986)	(-2.945)

续表

	MIS		
	(1)	(2)	(3)
$LnAF \times VIO$①		0.505**	
		(2.085)	
VIO		0.106	
		(0.713)	
$LnAF \times RANK$			0.010***
			(3.808)
$RANK$			0.005***
			(3.164)
ROA	-1.096**	-1.111**	-1.155**
	(-2.348)	(-2.378)	(-2.468)
LEV	0.411***	0.416***	0.403***
	(2.647)	(2.677)	(2.592)
LNA	0.239***	0.241***	0.252***
	(4.015)	(4.051)	(4.228)
$AGROW$	-0.353***	-0.356***	-0.353***
	(-2.684)	(-2.707)	(-2.680)
AO	-0.524***	-0.514***	-0.521***
	(-3.599)	(-3.530)	(-3.577)

① 借鉴 Ai 和 Norton（2003），本章使用 STATA 中 "inteff" 命令，针对每一个显著的交互项做了检验。这些交互项的系数均为正，表明本章 logit 回归模型中显著为正的交互项系数反映了真实的效应。

续表

	MIS		
	(1)	(2)	(3)
CHANGE	0.401***	0.401***	0.398***
	(2.857)	(2.859)	(2.824)
TENURE	0.024*	0.024*	0.017
	(1.756)	(1.761)	(1.238)
Intercept	-3.753***	-3.822***	-5.281***
	(-3.130)	(-3.175)	(-4.168)
N	10608	10608	10608
Log likelihood	-3333.731	-3331.613	-3323.949
Wald chi-square	290.240	293.740	305.960

注：上标***，**，以及*分别表示在1%，5%以及10%的显著性水平（双尾检验）；括号内为z值，行业和年度虚拟变量也被反映在回归分析中，但出于篇幅未予列示。变量定义请参阅附录。

控制变量方面，资产负债率（*LEV*），公司规模（*LNA*），会计师事务所发生变更（*CHANGE*），以及审计任期（*TENURE*）这些变量同会计错报发生的概率呈正向关系。而公司经营业绩（*ROA*）、成长情况（*AGROW*）以及被出具标准审计意见的概率（*AO*）同会计错报发生的频率呈负向关系。

3.5.3　进一步分析

有人可能还会认为由中国注册会计师协会提供的会计师事务所排名信息不一定能充分反映会计师事务所的声誉。因此，本部分将会计师事务所类型重新进行了划分，区分为前十大会计师事务所（包括国际四大与国内六大）与非前十大会计师事务所。

本章认为，前者为高质量的审计师，而后者相对而言为低质量的审计师。变量 *Big*10 为哑变量，若会计师事务所为前十大时，取值为 1，否则为。据此，本章将上述回归中的 *RANK* 变量替换为 *Big*10 重新进行了回归以进一步证实假设 H_{3-2}。出于篇幅考虑，回归结果未予列示①。结果同之前保持一致。进一步，当使用前 20 大、前 25 大会计师事务所来衡量声誉时，结果仍然同之前保持一致。这就是说，审计费用对会计错报的负向影响作用随着会计师事务所排名的靠前而增强。

随着有关审计费用研究的逐渐深入，学者们开始关注未预期审计费用（异常审计费用）。内部控制、公司治理较为薄弱的审计客户承担的风险较高，更可能支付异常审计费用。异常审计费用将会计师事务所与审计客户连接在一起，在这种情况下，审计人员也更可能默许客户的盈余管理，会对重大会计错报也有所松懈。大量研究证实了异常审计费用对审计质量的影响（Larcker 和 Richardson，2004；Hoitash，Markelevich 和 Barragato，2007；Mitra，Deis 和 Hossain，2009；Choi，Kim 和 Zang，2010；Hribar，Kravet 和 Wilson，2014）。有研究发现当异常审计费用较低时，则审计努力程度过低，最终导致财务重述的发生（Blankley，Hurtt 和 MacGregor，2012）。此外，当异常审计费用较高时，会由于经济纽带而影响到审计师的独立性或者专业判断，最终也可能会导致财务重述。因此，本部分关注异常审计费用对会计错报的影响。为了反映客户的经营风险，如下模型额外加入了应收账款占比（*AR*），存货占比（*INV*），以及流动比率（*LIQ*）：

$$
\begin{aligned}
LnAF = {} & \alpha_0 + \alpha_1 ROA + \alpha_2 LEV + \alpha_3 LNA + \alpha_4 AGROW + \alpha_5 AO \\
& + \alpha_6 CHANGE + \alpha_7 TENURE + \alpha_8 AR + \alpha_9 INV + \alpha_{10} LIQ
\end{aligned}
$$

① 可以从作者这里获得。

$$+ \alpha_{11} ST + \alpha_{12} MB + \sum Year + \sum Industry + \varepsilon \quad (3-3)$$

此外，中国证监会会对经历过特殊处理（*ST*）的上市公司贴标签[①]。这种特殊处理的公司更可能发生会计错报。变量 *MB* 则为市值/账面价值比。

在此基础上，本章根据审计费用模型得到了残差（*AAF*），并将其作为解释变量放入到随机效应的 logit 回归模型中，而是否发生会计错报作为因变量[②]。针对模型（3－1）与模型（3－2）重新进行了回归，并用变量 *AAF* 替代变量 *LnAF*。如表 3－5 所示，异常审计费用与会计错报之间的关系显著为负，同前述结果保持一致。此外，还可以看出，当会计师事务所排名较为靠后或者发生违规时，异常审计费用与会计错报之间的关系会变弱。

表 3－5　会计错报、异常审计费用、会计师事务所违规、会计师事务所排名关系的随机效应的 Logit 回归结果

	MIS		
	(1)	(2)	(3)
AAF	－0.363***	－0.366***	－0.313***
	(－3.756)	(－3.771)	(－3.186)
AAF × *VIO*		0.686**	
		(2.314)	

① 特殊处理（ST）的公司主要指以下情形：第一类是最近两年连续亏损的；第二类是因财务会计报告存在重大会计差错或虚假记载，被中国证监会责令改正或公司主动改正，对以前年度财务报告进行追溯调整，导致最近两年连续亏损的；第三类是因财务会计报告存在重大会计差错或虚假记载，中国证监会责令其改正，在规定期限内未对虚假财务会计报告进行改正的；第四类是在法定期限内未依法披露年度报告或半年度报告的。第五类是处于股票恢复上市交易后至其披露恢复上市后的第一个年度报告期间的。

② 同 Blankley，Hurtt 和 MacGregor（2012），本书还使用异常审计费用，结果保持一致。

续表

	MIS		
	(1)	(2)	(3)
VIO		0.058 (0.413)	
AAF × RANK			0.007** (2.294)
RANK			0.004*** (2.611)
ROA	-1.182** (-2.541)	-1.157** (-2.483)	-1.177** (-2.529)
LEV	0.319** (2.070)	0.329** (2.133)	0.320** (2.080)
LNA	0.080* (1.648)	0.082* (1.686)	0.109** (2.205)
AGROW	-0.314** (-2.404)	-0.318** (-2.436)	-0.318** (-2.430)
AO	-0.469*** (-3.225)	-0.459*** (-3.148)	-0.483*** (-3.318)
CHANGE	0.421*** (2.996)	0.421*** (2.996)	0.419*** (2.978)
TENURE	0.024* (1.717)	0.024* (1.751)	0.019 (1.379)
Intercept	-5.423*** (-4.991)	-5.490*** (-5.032)	-6.090*** (-5.474)
N	10608	10608	10608
Log likelihood	-3334.792	-3332.076	-3329.576
Wald chi - square	288.530	292.860	297.190

注：上标***，**，以及*分别表示在1%，5%以及10%的显著性水平（双尾检验）；括号内为z值，行业和年度虚拟变量也被反映在回归分析中，但出于篇幅未予列示。变量定义请参阅附录。

排名靠前的会计师事务所在有时也会进行一些违规行为，因此，本部分试图分离会计师事务所违规和排名的不同影响。本部分使用下述模型，试图检验会计师事务所违规与排名的交互效应对审计费用与会计错报之间关系的影响。

$$MIS = \alpha_0 + \alpha_1 LnAF + \alpha_2 VIO + \alpha_3 RANK + \alpha_4 LnAF \times VIO + \alpha_5 LnAF \times RANK + \alpha_6 VIO \times RANK + \alpha_7 LnAF \times VIO \times RANK + \alpha_8 ROA + \alpha_9 LEV + \alpha_{10} LNA + \alpha_{11} AGROW + \alpha_{12} AO + \alpha_{13} CHANGE + \alpha_{14} TENURE + \sum Year + \sum Industry + \varepsilon \quad (3-4)$$

如表3-6所示，变量 *LnAF* 的回归系数为-0.285（z-value=-2.835），*LnAF* 与 *VIO* 之间的交互项系数以及 *LnAF* 与 *RANK* 之间的交互项系数均显著为正，同上述结果一致。同时本部分重点关注 *LnAF*，*VIO* 与 *RANK* 之间的交互项，其回归系数为0.036（z-value=2.235），表明会计师事务所违规与排名能够共同作用于审计费用与会计错报之间的关系。

表3-6　会计错报、审计费用，以及会计师事务所违规和排名的随机效应 Logit 回归结果

	MIS
LnAF	-0.285***
	(-2.835)
LnAF × *VIO*	0.736***
	(2.601)
VIO	0.257
	(1.575)
LnAF × *RANK*	0.012***
	(4.301)

续表

	MIS
RANK	0.006***
	(3.529)
VIO × RANK	0.014*
	(1.698)
LnAF × VIO × RANK	0.036**
	(2.235)
ROA	-1.150**
	(-2.448)
LEV	0.411***
	(2.634)
LNA	0.259***
	(4.319)
AGROW	-0.362***
	(-2.746)
AO	-0.512***
	(-3.508)
CHANGE	0.388***
	(2.747)
TENURE	0.018
	(1.307)
Intercept	-5.564***
	(-4.347)
N	10608
Log likelihood	-3319.124
Wald chi-square	313.350

注：上标***，**，以及*分别表示在1%，5%以及10%的显著性水平（双尾检验）；括号内为z值，行业和年度虚拟变量也被反映在回归分析中，但出于篇幅未予列示。变量定义请参阅附录。

如前所述，错报的发生是由于差错或舞弊引起的。为了检验本研究的结论是否会受到会计错报根本原因的影响，本部分将会计错报观测值区分为由差错导致的会计错报与由舞弊导致的会计错报。在此基础上，重新进行回归分析。如果上市公司在财务重述信息中明确使用“虚增收入”“虚减成本费用”，或者由证监会等其他监管部门针对会计信息的调查介入，本章就将会计错报归为由舞弊引起的。具体来说，因变量为 *FRAUD*，哑变量，如果公司未经历会计错报时为0，经历了由差错而导致的会计错报为1，经历了由舞弊而导致的会计错报为2。借鉴 Files，Sharp 和 Thompson（2014），本章使用多类别 logit 回归重新检验了模型（3－1）与模型（3－2），并区分（i）非错报公司（基准组），（ii）差错导致的错报公司，以及（iii）舞弊导致的错报公司。本部分这样分析的目的在于更好地得到会计师事务所特征、公司特征以及会计错报特征方面在不同组别下的估计变量，并更好地分析所关注的解释变量对会计错报的影响。结果反映在表3－6中，*FRAUD* = 0 反映的是基准组。从表3－7中第（1）列到第（3）列可以得知，本章前述的结果针对由差错导致的错报依然成立。然而，会计错报与审计费用之间的负向关系在第（4）列至第（6）列，即由舞弊导致的会计错报中不再成立，尽管所关注的交互项系数的方向同预期一致并显著。显著性水平在由舞弊导致的会计错报低于由差错导致的会计错报的原因在于，较高的审计费用反映出审计师的努力程度以查出差错，但不能保证查出或披露审计客户的舞弊行为。

表 3－7 区分舞弊和差错导致的会计错报、审计费用、会计师事务所违规和声誉的多类别 Logit 回归结果

	基准组－未发生错报					
	差错导致的错报			舞弊导致的错报		
	(1)	(2)	(3)	(4)	(5)	(6)
LnAF	－0.407***	－0.406***	－0.327***	－0.074	－0.068	0.027
	(－4.748)	(－4.659)	(－3.574)	(－0.559)	(－0.509)	(0.195)
LnAF×VIO		0.521**			0.471*	
		(2.415)			(1.802)	
VIO		0.158			0.049	
		(0.981)			(0.217)	
LnAF×RANK			0.008***			0.005*
			(3.448)			(1.785)
RANK			0.005***			0.005**
			(3.538)			(1.990)
ROA	－0.839**	－0.864**	－0.863**	－1.305	－1.334	－1.336
	(－1.972)	(－2.029)	(－2.023)	(－1.589)	(－1.621)	(－1.626)
LEV	0.371**	0.375**	0.361**	0.229	0.233	0.209
	(2.484)	(2.527)	(2.424)	(0.948)	(0.965)	(0.864)
LNA	0.165***	0.166***	0.166***	0.148	0.150	0.151
	(3.143)	(3.151)	(3.146)	(1.511)	(1.523)	(1.523)
AGROW	－0.318**	－0.320**	－0.314**	－0.480*	－0.484*	－0.476*
	(－2.511)	(－2.533)	(－2.494)	(－1.780)	(－1.797)	(－1.773)
AO	－0.694***	－0.681***	－0.695***	－0.474*	－0.463	－0.480*
	(－4.666)	(－4.590)	(－4.682)	(－1.691)	(－1.642)	(－1.717)
CHANGE	0.194	0.198	0.200	0.633***	0.636***	0.646***
	(1.494)	(1.529)	(1.531)	(2.809)	(2.823)	(2.821)

续表

基准组 - 未发生错报						
TENURE	-0.003	-0.003	-0.009	0.004	0.004	-0.001
	(-0.245)	(-0.195)	(-0.624)	(0.160)	(0.151)	(-0.045)
Intercept	-1.107	-1.164	-2.224**	-6.015***	-6.122***	-7.425***
	(-1.084)	(-1.120)	(-2.002)	(-3.606)	(-3.613)	(-4.225)
N	10608	10608	10608	10608	10608	10608
Wald chi-square	6754.960	6758.650	6826.700	6754.960	6758.650	6826.700
Pseudo R^2	0.060	0.061	0.064	0.060	0.061	0.064

注：本表列示了以未发生错报作为基准组的多类别 Logit 回归结果。本部分使用此回归模型主要是为了区分（i）非错报公司（基准组），（ii）差错导致的错报公司，以及（iii）舞弊导致的错报公司。具体来说，因变量为 *FRAUD*，哑变量，如果公司未经历会计错报时为 0，经历了由差错而导致的会计错报为 1，经历了由舞弊而导致的会计错报为 2。上标 ***，**，以及 * 分别表示在 1%，5% 以及 10% 的显著性水平（双尾检验）；括号内为 z 值，行业和年度虚拟变量也被反映在回归分析中，但出于篇幅未予列示。变量定义请参阅附录。

Lobo 和 Zhao（2013）认为审计风险调整行为会导致审计努力程度与会计错报之间向上的偏误。因此，借鉴 Lobo 和 Zhao（2013），本部分使用 Dechow 等（2011）的错报识别模型。在此模型基础上，得到了错报的预测概率（*P_SCORE*），并使用这个作为审计前的重大错报风险。此外，同 Lobo 和 Zhao（2013）一致，本部分考虑公司以前年度的会计错报历史（*LAGMIS*），若以前年度发生过财务重述时 *LAGMIS* 为 1，否则为 0。这个变量作为审计前重大错报风险的第二个代理变量。接着，将 *P_SCORE* 与 *LAGMIS* 这两个变量加入到回归模型（3-1）与模型（3-2）中去，并重新进行了随机效应的 logit 回归。如表 3-8 所述，所关注的变量同正文结果保持一致，这说明即使在控制住审计前重大错报风险后，本章的研究结论也依然成立。

表 3-8 会计错报、审计费用以及会计师事务所违规和排名的随机效应 Logit 回归结果（考虑审计前的重大错报风险）

	MIS		
	(1)	(2)	(3)
LnAF	-0.342***	-0.323***	-0.295***
	(-3.651)	(-3.418)	(-3.060)
LnAF × VIO		0.693**	
		(2.205)	
VIO		0.253	
		(1.529)	
LnAF × RANK			0.005*
			(1.725)
RANK			0.004**
			(2.366)
P_SCORE	0.384**	0.388**	0.389**
	(2.000)	(2.029)	(2.023)
LAGMIS	2.273***	2.277***	2.257***
	(20.197)	(20.200)	(20.085)
ROA	-1.151**	-1.161**	-1.157**
	(-2.110)	(-2.127)	(-2.117)
LEV	0.136	0.134	0.128
	(0.937)	(0.929)	(0.882)
LNA	0.129**	0.127**	0.131**
	(2.335)	(2.295)	(2.354)
AGROW	0.169	0.167	0.176
	(0.985)	(0.977)	(1.029)
AO	-0.500***	-0.484***	-0.506***
	(-3.203)	(-3.101)	(-3.235)

续表

	MIS		
	(1)	(2)	(3)
CHANGE	0.017	0.012	0.026
	(0.103)	(0.072)	(0.158)
TENURE	0.004	0.005	-0.000
	(0.306)	(0.404)	(-0.024)
Intercept	-0.823	-1.058	-1.494
	(-0.719)	(-0.915)	(-1.264)
N	6468	6468	6468
Log likelihood	-1942.645	-1940.090	-1939.201
Wald chi-square	673.130	678.200	677.720

注：上标***，**，以及*分别表示在1%，5%以及10%的显著性水平（双尾检验）；括号内为z值，行业和年度虚拟变量也被反映在回归分析中，但出于篇幅未予列示。变量定义请参阅附录。

声誉是一个长期变量，会计师事务所的声誉也不是一下子形成的。惩戒效应也应该从长期而不是短暂的因特定年度的某件事情引起的声誉状况发生变化。因此，本部分关注会计师事务所的长期声誉，使用样本期间会计师事务所发生的违规事件合计（*AGGVIO*）而不是特定年度的违规（*VIO*）来反映声誉变量。*AGGVIO* 的取值范围为0~7，其值越高，说明会计师事务所违规次数多，意味着其声誉越低。本部分使用这个变量能够更好地衡量会计师事务所的长期声誉。在此基础上，本部分又进行了回归。如表3-9所示，审计费用变量的回归系数依然显著为负，而审计费用与长期声誉之间的交互项（*LnAF*×*AGGVIO*）系数显著为正，同之前结果保持一致。即使在考虑会计师事务所长期声誉的情况下，本章的结论也依然成立。

表 3－9　错报、审计费用、会计师事务所违规的回归结果（考虑长期声誉）

	(1)
	MIS
LnAF	−0.338***
	(−5.025)
LnAF×AGGVIO	0.114*
	(1.871)
AGGVIO	−1.401*
	(−1.766)
ROA	−0.951**
	(−2.549)
LEV	0.332***
	(3.214)
LNA	0.154***
	(3.972)
AGROW	−0.339***
	(−3.024)
AO	−0.635***
	(−5.571)
CHANGE	0.320***
	(2.736)
TENURE	0.002
	(0.159)
Intercept	−1.534*
	(−1.907)

续表

	(1)
	MIS
N	10608
Pseudo R^2	0.0641

注：上标 ***，**，以及 * 分别表示在 1%，5% 以及 10% 的显著性水平（双尾检验）；括号内为 z 值，行业和年度虚拟变量也被反映在回归分析中，但出于篇幅未予列示。变量定义请参阅附录。

会计师事务所规模可以作为其声誉的代理变量（Teoh 和 Wang，2003）。因此，会计师事务所排名与违规变量本身也可能是其规模的影响。本部分试图说明本章的结论是否受到会计师事务所规模的影响。首先，作者将会计师事务所按照收入进行排名，并产生了一个新的变量 *SIZE*。如果会计师事务所按照收入划分能够排在前十位，则 *SIZE* 就为 1，否则为 0。类似地，作者又按照前二十位、三十位以及前四十位进行了划分。在此基础上，使用会计师事务所规模变量（*SIZE*）来代替声誉变量并进行回归。从表 3－9 中的第（1）列至第（4）列可以看出，审计费用与会计师事务所规模变量之间的交互项（*LnAF*×*SIZE*）系数不显著。这个结果表明，本章建立在声誉理论上的研究结论并不是会计师事务所的规模效应所导致。

进一步，本部分还在回归模型中加入了两个交互项，分别是审计费用与声誉（*LnAF* × *REPU*）以及审计费用与规模（LnAF×SIZE）的交互项，以说明在考虑会计师事务所声誉时，交互项 *LnAF*×*REPU* 能否保持不变。表 3－10 中的第（5）列至第（8）列的结果表明，交互项 *LnAF*×*RANK* 的回归系数在四列中均显著，而交互项 *LnAF*×*SIZE* 的回归系数不显著。这个发现说明即使考虑会计师事务所规模，本章的结论依然成立。同样地，当使用会计师事务所违规变量衡量声誉时，如表 3－10 中的第（9）到第（12）所述，研究结论依然成立。

表 3-10　错报、审计费用与会计师事务所排名的回归结果（考虑会计师事务所规模）

	(1)	(2)	(3)	(4)	(5)	(6)	(7)	(8)	(9)	(10)	(11)	(12)
声誉的代理变量	Top10	Top20	Top30	Top40	Top10	Top20	Top30	Top40	Top10	Top20	Top30	Top40
	N/A				会计师事务所排名				会计师事务所违规			
LnAF	-0.329***	-0.331***	-0.353***	-0.316***	-0.461***	-0.458***	-0.462***	-0.430***	-0.365***	-0.378***	-0.401***	-0.374***
	(-4.990)	(-4.486)	(-4.121)	(-3.025)	(-5.464)	(-5.135)	(-4.752)	(-3.701)	(-5.359)	(-4.917)	(-4.496)	(-3.417)
LnAF × *SIZE*	0.117	0.024	0.075	0.009	0.068	-0.003	0.013	-0.029	0.145	0.055	0.098	0.044
	(0.580)	(0.227)	(0.760)	(0.084)	(0.318)	(-0.028)	(0.127)	(-0.252)	(0.718)	(0.523)	(0.980)	(0.391)
SIZE	-1.176	-0.264	-0.795	0.151	-0.578	0.037	-0.029	0.635	-1.550	-0.673	-1.104	-0.305
	(-0.447)	(-0.194)	(-0.617)	(0.105)	(-0.208)	(0.025)	(-0.021)	(0.421)	(-0.587)	(-0.487)	(-0.841)	(-0.206)
LnAF × *REPU*					0.007***	0.007***	0.007***	0.007***	0.505***	0.515***	0.510***	0.490**
					(3.682)	(3.730)	(3.729)	(3.813)	(2.666)	(2.707)	(2.671)	(2.540)
RANK					-0.086***	-0.088***	-0.089***	-0.090***	-6.503***	-6.653***	-6.557***	-6.283**
					(-3.509)	(-3.547)	(-3.568)	(-3.644)	(-2.648)	(-2.694)	(-2.649)	(-2.507)
ROA	-0.945**	-0.932**	-0.918**	-0.930**	-0.969***	-0.958**	-0.948**	-0.958**	-0.970***	-0.957**	-0.944**	-0.955**
	(-2.535)	(-2.499)	(-2.458)	(-2.494)	(-2.590)	(-2.562)	(-2.532)	(-2.560)	(-2.599)	(-2.566)	(-2.526)	(-2.559)
LEV	0.347***	0.349***	0.355***	0.351***	0.336***	0.337***	0.342***	0.339***	0.351***	0.354***	0.358***	0.354***
	(3.366)	(3.394)	(3.442)	(3.403)	(3.248)	(3.255)	(3.309)	(3.276)	(3.403)	(3.436)	(3.477)	(3.434)
LNA	0.159***	0.159***	0.158***	0.155***	0.160***	0.161***	0.159***	0.156***	0.160***	0.161***	0.159***	0.157***
	(4.091)	(4.094)	(4.051)	(3.984)	(4.117)	(4.125)	(4.062)	(3.995)	(4.107)	(4.123)	(4.080)	(4.018)

续表

	(1)	(2)	(3)	(4)	(5)	(6)	(7)	(8)	(9)	(10)	(11)	(12)
声誉的代理变量	Top10	Top20	Top30	Top40	Top10	Top20	Top30	Top40	Top10	Top20	Top30	Top40
	N/A				会计师事务所排名				会计师事务所违规			
AGROW	-0.350***	-0.349***	-0.350***	-0.346***	-0.345***	-0.347***	-0.345***	-0.341***	-0.351***	-0.351***	-0.352***	-0.347***
	(-3.121)	(-3.118)	(-3.129)	(-3.086)	(-3.084)	(-3.094)	(-3.083)	(-3.043)	(-3.138)	(-3.140)	(-3.149)	(-3.099)
AO	-0.648***	-0.648***	-0.644***	-0.636***	-0.650***	-0.650***	-0.648***	-0.639***	-0.634***	-0.634***	-0.631***	-0.622***
	(-5.681)	(-5.683)	(-5.655)	(-5.574)	(-5.699)	(-5.701)	(-5.680)	(-5.599)	(-5.559)	(-5.562)	(-5.530)	(-5.453)
CHANGE	0.299**	0.297**	0.294**	0.288**	0.306***	0.307***	0.301**	0.296**	0.303***	0.300**	0.298**	0.293**
	(2.566)	(2.547)	(2.517)	(2.467)	(2.617)	(2.618)	(2.572)	(2.520)	(2.599)	(2.572)	(2.550)	(2.508)
TENURE	-0.000	-0.002	-0.003	-0.004	-0.005	-0.007	-0.008	-0.009	0.001	-0.001	-0.003	-0.003
	(-0.009)	(-0.192)	(-0.350)	(-0.397)	(-0.554)	(-0.742)	(-0.811)	(-0.902)	(0.064)	(-0.135)	(-0.265)	(-0.281)
Intercept	-1.674**	-1.619*	-1.305	-1.786	0.004	-0.013	0.086	-0.332	-1.226	-1.047	-0.721	-1.082
	(-2.154)	(-1.850)	(-1.260)	(-1.399)	(0.004)	(-0.012)	(0.071)	(-0.230)	(-1.519)	(-1.146)	(-0.667)	(-0.807)
N	10608	10608	10608	10608	10608	10608	10608	10608	10608	10608	10608	10608
LR chi^2	488.67	481.37	488.93	495.12	513.89	508.09	512.67	520.47	495.48	488.38	495.84	501.62
Pseudo R^2	0.0638	0.0629	0.0639	0.0647	0.0671	0.0664	0.0670	0.0680	0.0647	0.0638	0.0648	0.0655

注：本表报告了会计错报、审计费用与会计师事务所排名的 Logit 回归结果。作者将会计师事务所按照收入进行排名，并产生了一个新的变量 *SIZE*。如果会计师事务所按照收入划分能够排在前十位，则 *SIZE* 就为 1，否则为 0。类似的，作者又按照前二十位、三十位以及前四十位进行了划分。在此基础上，使用会计师事务所规模变量（*SIZE*）来代替声誉变量并进行回归。进一步，本部分还在回归模型中加入了两个交互项，分别是审计费用与声誉（*LnAF* × *REPU*）以及审计费用与规模（*LnAF* × *SIZE*）的交互项，以说明在考虑会计师事务所声誉时，交互项 *LnAF* × *REPU* 能否保持不变。上标 ***, **, 以及 * 分别表示在 1%，5% 以及 10% 的显著性水平（双尾检验）；括号内为 z 值，行业和年度虚拟变量也被反映在回归分析中，但出于篇幅未予列示。变量定义请参阅附录。

3.6 结论

以往研究认为审计质量的主要推动力来自于诉讼/保险压力以及声誉压力。本章则有不同的观点和发现。本章关注中国的审计费用、会计错报以及会计师事务所声誉，在这种背景下，审计师几乎面临零诉讼风险。理解会计错报如何受到审计费用和会计师事务所声誉的影响是非常重要的问题，因为会计错报在中国资本市场中逐年增加，使得广大投资者遭受重大损失（魏志华，李常青和王毅辉，2009）。本章根据手工收集的财务重述信息，从中提取了会计错报信息。在此基础上，通过分析，认为审计费用会影响到会计错报。同预期一致，本章结论表明会计错报发生的频率负向受到审计费用的影响。

此外，本章还发现会计错报与审计费用之间的负向关系在声誉较好的会计师事务所中更为明显，即会计师事务所未发生过违规或者其排名较高。这些发现很重要，因为对于低诉讼风险的国家和地区来说，这些发现有利于强化会计师事务所声誉是如何作为惩戒机制而更好地提升审计质量。本章的变量定义如表 3 – 11 所示。

表 3 – 11　　　　变量定义表

变量	定　　义	数据来源
MIS	如果公司在 t 年的财务报表有会计差错而事务所未发现或披露，否则为 0	手工收集
LnAF	T 年审计费用的自然对数	CSMAR
VIO	当会计师事务所在 t 年发生违规或者被证监会、中注协处罚时为 1，否则为 0	手工收集

续表

变量	定　义	数据来源
RANK	由中注协提供的会计师事务所排名	手工收集
ROA	T 年末的总资产收益率	CSMAR
LEV	T 年末的资产负债率	CSMAR
LNA	T 年末的总资产自然对数	CSMAR
AGROW	T 年的总资产增长率	CSMAR
AO	审计意见的哑变量，当公司被出具标准审计意见时为 1，否则为 0	CSMAR
CHANGE	会计师事务所变更的哑变量，当会计师事务所发生变更时为 1，否则为 0	CSMAR
TENURE	公司聘用会计师事务所的连续年度数	CSMAR
FRAUD	会计错报类别的哑变量，如果公司未经历会计错报时为 0，经历了由差错而导致的会计错报为 1，经历了由舞弊而导致的会计错报为 2	手工收集
∑Year	年度虚拟变量	CSMAR
∑*Indu*	行业虚拟变量	CSMAR
AGGVIO	样本期间总的违规数，取值在 0 到 7 之间	手工收集
SIZE	会计师事务所规模的哑变量，若会计师事务所按照收入排前十位则为 1，否则为 0	手工收集

注：t 年为公司财务报表中发生会计错报的年度。

第4章 财务重述对会计师事务所解聘的影响研究

4.1 问题提出

本章提供证据以检验财务重述对审计客户解聘会计师事务所的影响。近十余年，著名的公司丑闻以及财务报告舞弊行为让公众对财务报告可靠性以及审计过程产生怀疑。无论是美国的安然、世通，还是中国的万福生科、云南绿大地，这些上市公司舞弊事件发生的背后是否都离不开会计师事务所的参与？

当公司较低财务报告质量被披露后，会计师事务所也会遭到董事会以及广大投资者所质疑。已有研究表明，公司会在丑闻曝光后通过多种渠道和途径进行恢复声誉的行为，这其中就包括更换会计师事务所（Hennes、Leone 和

Miller, 2014)。财务重述后，客户为了试图恢复声誉，便有可能解聘会计师事务所。此外，事务所被解聘还可能是由于客户试图寻找“听话”的审计师造成的（马晨、程茂勇和张俊瑞，2014)。然而，客户对继任会计师事务所的态度以及谨慎性程度并不清楚，解聘事务所未必能够帮助客户找到“听话的”审计师。许多美国学者针对上市公司通过解聘事务所的方式改善审计意见的效果进行了检验，但很少有研究关注与舞弊有关的财务重述与事务所解聘之间的关系（Hennes、Leone 和 Miller, 2014)。近几年，有两例极其严重的中国上市公司财务重述事件给投资者与资本市场带来了极大的伤害，这就是 2011 年的云南绿大地与 2013 年的万福生科。然而，深圳鹏城作为云南绿大地当时的事务所，合并到国富浩华事务所以逃避处罚；而中磊会计师事务所作为万福生科财务舞弊期间的事务所，随后也被其他客户解聘合并到大信会计师事务所。这些事实说明，会计师事务所在财务重述后不一定会在审计市场真正受到处罚。

中国资本市场与审计市场此类问题层出不穷，因此，本书关注中国资本市场，试图检验财务重述对客户解聘会计师事务所的影响，并检验重述公司通过解聘会计师事务所究竟是试图寻找“听话”的事务所还是恢复受损的声誉。本书不同于 Hennes、Leone 和 Miller（2014）的研究，他们发现，相对于非重述公司，重述公司更可能解聘会计师事务所。但是，他们未考虑重述公司解聘会计师事务所的意图。而本章则通过区分舞弊类重述与差错类重述，重点关注这两种不同类型的重述公司解聘会计师事务所的动机。本书也不同于 Mande 和 Son（2012)，他们发现财务重述后的次年，会计师事务所变更的频率更高。遗憾的是，他们的基本理论在于更换会计师事务所能够帮助重述公司恢复受损的声誉，而未考虑到更换会计师事务所其他可能存在的动机。本章充分考虑到客户解聘会计师事务所的动机，寻找“听话”的事务所或恢复声誉。同时，本书也不同于马晨、程茂勇与张俊瑞（2014）的研究，他们关注继任事务所是否“听话”，通过继任事务所审计的财务报表的重述行为来体现，验证继任事务所是否对新客户采取财务稳健的处理方式。然而，他们未区分会计师事务所变更究竟是审计客户解聘事务所，还是事务所辞聘客户造成的，也未能深入分析财务重述如何影响事务所变更。

本章检验了财务重述究竟如何影响到会计师事务所解聘，即重述公司试图将事务所变更为大所，还是变更为小所。本章未发现财务重述对事务所变更方向的影响，这表明有些重述公司通过解聘事务所以寻找“听话”事务所，有些试图恢复声誉。然而，本章发现与舞弊相关的财务重述更可能使得公司将会计师事务所变更为声誉较好的大所，而与差错相关的财务重述更可能使得公司将会计师事务所变更为小所。

本章贡献如下：（1）关注舞弊或差错类重述对会计师事务所变更方向的影响，补充了 Hennes、Leone 和 Miller（2014）的研究内容。他们发现重述公司在财务重述后更可能解聘事务所，本章则关注舞弊类重述比差错类重述是否更可能使得公司将会计师事务所变更为声誉较好的大所。（2）本章提供证据表明舞弊类重述公司更可能将现任事务所更换为声誉较好的大所，而差错类重述公司更可能将现任事务所更换为顺从的小所，证实了针对舞弊类重述公司所提出的恢复声誉观，也证实了差错类重述公司寻找“听话”事务所的观点。

本章剩余部分如下：第二部分回顾了已有文献，并提出相关假设；第三部分为研究设计与样本选择；第四部分为实证结果与讨论；第五部分为结论。

4.2 文献回顾与假设提出

中国的监管部门针对雇佣和解聘会计师事务所制订了一些具体的规则。证监会于 1996 年规定会计师事务所与上市公司之间的聘期是一年，期满后可以续聘。证监会还规定了解聘事务所的情形，其中解聘事务所的决定应当由上市公司的股东大会做出，还应当在指定的报纸上进行披露，并在必要时说明变更的原因。而继任事务所也有权知晓变更事务所的具体原因，如果继任事务所认为原因不合理，可以拒绝承接业务。但中国的法律环境还不够成熟，会计师事务所与审计师在审计失败时仍要面临相应的法律义务（Chen 等，2011）。因此，有必要研究财务重述后公司解聘会计师事务所的行为。

4.2.1 文献回顾

以往很多研究经历会计师事务所变更的客户，用代理变量衡量其前任和后任会计师事务所采取的谨慎处理方法。这些代理变量包括审计意见类型、可操控应计以及会计政策等。有些研究证实会计师事务所被解聘是由于前任审计师的谨慎性（Lennox，2000；Vanstraelen，2003；Ettredge、Li 和 Scholz，2007；李东平、黄德华与王振林，2001），表明上市公司有动机进行审计意见购买。Sengupta 和 Shen（2007）发现应计质量较低的公司更可能解聘会计师事务所。Ettredge 等（2011）发现收到财务报告负面审计意见的公司更可能在随后解聘会计师事务所。他们的研究证据一方面表明解聘是客户试图提高财务报告质量的一种方式；另一方面，Bradshaw、Richardson 和 Sloan（2001）未发现高应计公司发生会计师事务所解聘的概率较高。可操控应计衡量会计师事务所的稳健型可能存在度量上的误差，毕竟应计质量是一种状况，而不是结果，难以真正辨别好坏。

不同于应计质量，财务重述是真实发生的事件，能够更好地衡量审计质量，表明会计师事务所在以前期间未能发现或披露错报（Hennes、Leone 和 Miller，2014）。以往学者研究过财务重述与会计师事务所变更之间的关系（Myers 等，2003；马晨、程茂勇和张俊瑞，2014），但他们未考虑事务所解聘的情形。Hennes、Leone 和 Miller（2014）发现重述公司的事务所比非重述公司的事务所更可能被解聘。然而，继任事务所在其研究设计中与以往的错报无关，而且他们并未分析公司解聘会计师事务所的意图。Mande 和 Son（2012）发现财务重述后的次年会计师事务所被解聘的情形较多，但是他们的理论依据在于解聘事务所能够有助于重述公司恢复受损的声誉，而未考虑事务所解聘背后的其他可能动机。

本章通过分析财务重述与会计师事务所解聘之间的关系，拓展了财务重述经济后果方面的相关文献。本章充分考虑了上市公司解聘会计师事务所的不同意图，检验了财务重述后事务所的变更方向，并分析舞弊或差错相关的财务重述对事务所变更方向的影响，以确定重述公司解聘事务所究竟是为了恢复受损的声誉还是寻找“听话”的事务所。

4.2.2 假设提出

公司解聘会计师事务所可能意味着公司将重述归因为事务所，进而恢复公司受损的声誉（Mande 和 Son，2012）。我国证券法规使得上市公司试图维持清洁的审计意见以及可靠的财务报告质量。因此，财务重述后，公司很可能不愿意继续保持现有的事务所，而是试图寻找“听话”的事务所以实现其营利目标（Wang，Wong 和 Xia，2008），或是寻找具有声誉的事务所以恢复公司声誉和财务报告的可靠性（Mande 和 Son，2012）。声誉受损的事务所不能给投资者提供足够的保证程度以说明财务报告的可信性（Barton，2005）。因此，从寻找听话事务所的观点以及声誉恢复观分析可以得出，公司在财务重述后很可能更换会计师事务所。

财务重述是由差错或舞弊引起的，由差错导致的重述通常来源于疏忽、计算错误等，负面影响程度较小。相反，由舞弊导致的财务重述危害更为严重，有力地表明重述公司不能够再被信赖。因舞弊导致的财务重述常常招致证券监管部门的介入，如证监会、深交所、上交所和财政部等。同时，如果财务重述是由舞弊引起的，董事会在制定针对解聘事务所的决定时会考虑管理层的行为。舞弊有很强的迹象表明公司蓄意操纵会计数字，而且管理层与事务所之间的合谋程度或管理层凌驾于内部控制之上是非常严重的（Hennes，Leone 和 Miller，2014）。如果会计师事务所声誉受损，其所审计的公司有动机更换事务所（Barton，2005）。因此，舞弊类财务重述公司比差错类财务重述公司在重述后解聘事务所的可能性更大。

有些上市公司在财务重述后试图恢复信任以及受损的可靠性（Farber，2005；Wilson，2008）。这种情形可能对经历同舞弊相关的财务重述更为明显。因此，这些公司迫切需要弥补受损的声誉，通过将现任事务所更换为声誉更好的事务所可能是一种解决途径。相反，差错类重述公司存在着疏忽和计算错误。一般来说，管理层不愿意公开承认会计错误，因为承认疏忽和计算错误等同于向投资者传递信息表明过去的会计信息具有误导性①。在我国，由差错引起的重述其发起人通常是管理层或事务所而不是监管部门，后者主要关注与舞弊相关的财务重述（马晨，2013）。因此，差错类重述在一定程度上是由会计师事务所发起的，而重述公司可能会决定解聘现任事务所以得到顺从的事务所。因此，本章提出如下假设：

H_{4-1}：与舞弊相关的财务重述比同差错相关的财务重述更可能使得客户将事务所更换为声誉较好的事务所。

H_{4-2}：与差错相关的财务重述比同舞弊相关的财务重述更可能使得客户将事务所更换为更为顺从的事务所。

4.3 研究设计

4.3.1 样本选择

本章的财务重述是指上市公司对以前年度财务报表中的会计差错进行更正和披露，不包括股票拆分、股票红利、终止经营、并购和新会计准则的应用，也不同于年报补丁。财务重述样本主要通过对2003～2011年中国上市公司的年报手工收集获得。部分财务重述样本来自巨潮资讯网，通过关键字（如更正、调整、差错）查找获得。本章从1320个财务重述样本中剔除了6个B股观测值，剔除了3个会计师事务所主动辞聘的观测值，以剩下的1311个重述观测值作为本研究的基准样本，不过样本大小可

① 管理层有时也会主动进行财务重述，如在管理层、大股东发生变更的情况下。这些主动的重述是确保继任管理层与前任管理层的会计操纵无关。

能因数据的可获得性而变化。财务重述公告提供了有关财务重述公告日的信息、重述的原因与金额。与审计相关的数据以及其他数据来自 CSMAR 数据库，会计师事务所解聘的数据根据来自 CSMAR 数据库中有关事务所名称的信息，通过手工整理获得。此外，笔者从中国注册会计师协会得到会计师事务所排名的数据。会计师事务所每年的排名由中国注册会计师协会根据事务所收入、注册会计师人员数量、综合评价以及受处罚情况进行评估得出。

4.3.2　回归模型

本章进行了多个回归模型分析。第一个回归模型用以检验财务重述公司（舞弊类重述）比非财务重述公司（差错类重述）更容易发生会计师事务所解聘。因变量 *DISMISS* 为 0－1 变量，表明公司在财务重述公告后是否会主动解聘事务所。解释变量同样为 0－1 变量，表明公司是否发生财务重述（RES），以及发生的财务重述是舞弊导致的还是差错导致的（FRAUD）。以往研究表明财务困境公司更可能发生会计师事务所变更（Hennes、Leone 和 Miller，2014），因此本章对资产负债率、营利性、成长性、审计意见类型进行了控制。本章对事务所规模与审计任期也进行了控制，因为审计任期与审计质量有关，也可能会影响到董事会做出更换会计师事务所的决定（Hennes、Leone 和 Miller，2014；马晨等，2015）。此外，股权结构以及政府监管对会计师事务所也有影响（Wang、Wong 和 Xia，2008），本章将是否为国有控股（SOE）纳入回归模型，对公司规模、年度以及行业也进行了控制。

$$\begin{aligned} DISMISS = {} & \beta_0 + \beta_1 RES(FRAUD) + \beta_2 ROA + \beta_3 AO + \beta_4 Big4 \\ & + \beta_5 TENURE + \beta_6 GROW + \beta_7 LEV + \beta_8 SOE \end{aligned}$$

$$+\beta_9 LNA+\sum YEAR+\sum INDU+\varepsilon \quad (4-1)$$

其中：DISMISS 为事务所解聘，当公司在 t+1 年[①]解聘会计师事务所时为 1，否则为 0；RES=1，如果公司在 t 年宣告财务重述，否则为 0；FRAUD 为舞弊或差错类重述，如果公司在 t 年经历了同舞弊相关的财务重述就为 1，经历了同差错相关的财务重述就为 0。具体来讲，本章将同舞弊相关的财务重述定义如下：如果重述公司在报告中使用了“虚增”“虚减”字样，或者证监会等其他监管机构介入；ROA 为 t 年末的总资产收益率；AO 为审计意见类型，=1 如果公司在 t 年被出具标准审计意见，否则为 0；BIG4 为事务所类型，=1 如果公司在 t 年被“四大”审计，否则为 0；TENURE 为审计任期，即事务所审计的连续年度数；GROW 为 t 年的销售收入增长率；LEV 为 t 年末资产负债率；SOE=1 如果公司为国有企业，否则为 0；LNA 为 t 年末总资产的自然对数；∑YEAR=年度虚拟变量；∑INDU=行业虚拟变量。

本章对会计师事务所变更方向也给予了充分的考虑。将现任的大所更换为小所被认为是寻找“听话”的事务所，因为客户的价值对于规模较小的继任事务所来说较大（Johnson 和 Lys，1990），这可能会有损审计独立性。此外，投资者难以直接观察到审计质量，他们不得不依赖会计师事务所的声誉或名气（Barton，2005）。Wang，Wong 和 Xia（2008）使用我国前十大会计师事务所的排名以衡量事务所是否“听话”的界限。因此，本章将事务所变更的方向建立在前十大会计师事务所排名的基础之上，使用如下 multinomial Logit 回归模型，以检验假设 H_{4-1}

---

① t 年是公司重述财务报表的年度。

与 H_{4-2}：

$$SWITCH = \beta_0 + \beta_1 RES(FRAUD) + \beta_2 ROA + \beta_3 AO + \beta_4 Big4 + \beta_5 TENURE + \beta_6 GROW + \beta_7 LEV + \beta_8 SOE + \beta_9 LNA + \sum YEAR + \sum INDU + \varepsilon \quad (4-2)$$

其中：SWITCH = 会计师事务所变更方向，若公司在 t+1 年未解聘会计师事务所为 0，用前十大会计师事务所更换非前十大会计师事务所为 1（即向上更换事务所），用非前十大会计师事务所更换前十大会计师事务所为 2（即向下更换事务所），其他情形为 3，即同级变更①；其他变量的描述如前所述。

表 4-1 进行了描述性统计分析。为了避免异常值的影响，本章对连续变量在 1% 的水平上进行了缩尾处理。从表 4-1 中可以看出，发生会计师事务所解聘的样本占到了 8.7%，而发生财务重述的样本占到了 8.2%。ROA 的均值为 0.030，会计师事务所的平均任期为 6.378 年，几乎 92% 的公司被出具标准审计意见，而只有 7.5% 的样本公司被四大会计师事务所审计。在公司成长性方面，销售收入增长率的均值为 24.5%。此外，60.2% 的样本公司为国有企业。

表 4-1　　　　描述性统计

变量	样本	均值	标准差	最小值	中位数	最大值
DISMISS	15586	0.087	0.281	0	0	1
RES	15972	0.082	0.275	0	0	1
ROA	15917	0.030	0.083	-0.397	0.034	0.298

① 本书也按照其他方法度量 SWITCH。如果公司在重述后用前十大事务所更换非前十大事务所为 1，用非前十大事务所更换前十大事务所为 2，其他情形为 0。这种度量方式生成的 SWITCH 其回归模型结果与正文一致。

续表

变量	样本	均值	标准差	最小值	中位数	最大值
AO	15926	0.920	0.272	0	1	1
BIG4	15926	0.075	0.264	0	0	1
TENURE	15926	6.378	4.205	1	6	24
GROW	15918	0.245	1.079	-1	0.106	107.128
LEV	15922	0.513	0.301	0.055	0.497	2.253
SOE	15858	0.602	0.490	0	1	1
LNA	15922	21.447	1.372	10.842	21.283	30.370

4.4 实证结果

4.4.1 财务重述对会计师事务所解聘的影响

表4-2根据公式（4-1）列示了财务重述影响会计师事务所解聘的Logit回归结果。第（1）列针对全样本分析，列示了财务重述如何影响会计师事务所解聘。与预期一致，本章发现财务重述与会计师事务所解聘之间在1%水平上存在显著的正向关系，可以看到RES的回归系数为0.275（z value =2.889），表明财务重述公司在财务重述后比非重述公司更可能解聘会计师事务所。

第（2）列由向上更换事务所的样本与未发生事务所解聘的样本构成。与预期一致，本章发现财务重述与事务所解聘之间在10%水平上存在显著的正向关系，可以看到RES的回归系数为0.214（z value =1.788）。第（3）列由向下更换事务所的样本与未发生事务所解聘的样本构成。与预期一致，财务重述与事务所解聘之间在5%水平上存在显著的正向关系，可以看到RES的回归系数为0.362（z value = 2.565）。结果表明，公司在财务重述后既会选择向上变更会计师事务所，也会选择向下变更会计师事务所，说明有些重述公司通过解聘会计师事务所以寻找“听话”的事务所，有些则试图恢复受损的声誉。

表4-2　财务重述影响事务所解聘的Logit回归结果

DISMISS	(1)	(2)	(3)
RES	0.275***	0.214*	0.362**
	(2.889)	(1.788)	(2.565)
ROA	-1.565***	-0.466	-2.779***
	(-4.079)	(-0.995)	(-5.043)
AO	-0.792***	-0.600***	-1.058***
	(-7.791)	(-4.590)	(-7.199)
BIG4	0.555***	-0.313	1.543***
	(4.974)	(-1.625)	(11.128)
TENURE	-0.031***	-0.021**	-0.052***
	(-4.143)	(-2.387)	(-4.070)
GROW	-0.153***	-0.085	-0.289***
	(-2.693)	(-1.447)	(-2.576)
LEV	-0.040	0.183	-0.389**
	(-0.385)	(1.551)	(-2.507)
SOE	0.395***	0.494***	0.215**
	(5.751)	(6.066)	(2.040)
LNA	-0.065**	-0.018	-0.129***
	(-2.411)	(-0.554)	(-3.065)
∑INDU	控制	控制	控制
∑YEAR	控制	控制	控制

续表

DISMISS	(1)	(2)	(3)
Intercept	-0.139	-1.913***	0.553
	(-0.238)	(-2.707)	(0.603)
N	15460	14969	14612
Pseudo R^2	0.040	0.029	0.082

注意：***，**，*分别表示显著性水平在1%，5%以及10%的水平上显著（双尾检验）；括号内为z值。

表4-3列示了舞弊或差错类重述对会计师事务所解聘影响的Logit回归结果。第（1）列使用全样本分析财务重述如何影响会计师事务所解聘。本章构建了两个虚拟变量以区分舞弊类重述、差错类重述以及未重述。如果财务重述同舞弊相关，则FRAUD_ RES为1，否则为0；如果财务重述同差错相关，则ERROR_ RES为1，否则为0。本书发现FRAUD_ RES的回归系数为0.322（Z值=2.597），在1%的水平上显著，表明差错类重述比未重述更可能导致事务所被解聘。本章还发现差错类重述与事务所被解聘之间存在负向关系，但不显著。

表4-3　舞弊或差错类重述影响事务所解聘的Logit回归结果

DISMISS	(1)	(2)
ERROR_ RES	-0.213	
	(-1.570)	
FRAUD_ RES	0.322***	
	(2.597)	
FRAUD		0.294***
		(2.588)
ROA	-1.568***	-0.358
	(-3.058)	(-0.299)

续表

DISMISS	(1)	(2)
AO	-0.792 ***	-1.168 ***
	(-7.233)	(-3.521)
BIG4	0.556 ***	-0.382
	(2.965)	(-0.813)
TENURE	-0.031 ***	-0.052 *
	(-4.159)	(-1.650)
GROW	-0.151 ***	-0.571 *
	(-2.629)	(-1.834)
LEV	-0.037	-0.262
	(-0.325)	(-1.174)
SOE	0.395 ***	0.303
	(4.979)	(1.580)
LNA	-0.066 *	0.109
	(-1.928)	(1.029)
∑INDU	控制	控制
∑YEAR	控制	控制
Intercept	0.083	-2.229
	(0.103)	(-1.117)
N	15460	1240
PseudoR^2	0.040	0.102

注：***，**，* 分别表示显著性水平在 1%，5% 以及 10% 的水平上显著（双尾检验）；括号内为 z 值。

第（2）列由重述样本构成。本章发现 FRAUD 变量的回归系数为 0.294（Z 值 =2.588），在 1% 的水平上显著，表明事务所被解聘更可能发生在舞弊类重述而不是差错类重述中。舞弊类财务重述从性质上来看更为严重，公司在财务重述后解聘会计师事务所的可能性更高。

4.4.2 财务重述对会计师事务所变更方向的影响

如前所述，财务重述会导致事务所被解聘。本部分关注财务重述如何影响会计师事务所变更方向。表 4－4 根据公式（4－2）列示了财务重述（舞弊或差错）对事务所变更方向影响的 multinomial Logit 回归结果。第（1）～（3）列列示了财务重述如何影响会计师事务所变更方向。从 RES 的回归系数可以看出，基准组（未发生变更）与其他组之间不具有显著差异。未发现财务重述对事务所变更方向具有显著影响，原因可能在于有些重述公司通过解聘事务所以寻找“听话”的事务所，而有些则试图恢复受损的声誉，因此使得财务重述本身对会计师事务所变更方向不具有显著影响。

表 4－4　财务重述对事务所变更方向影响的 multinomial Logit 回归结果

SWITCH	向上更换	向下更换	同级更换	向上更换	向下更换	同级更换
RES	0.218	－0.010	0.247			
	(1.280)	(－0.040)	(1.523)			
ERROR_ RES				－0.046	－0.111	－0.191
				(－0.255)	(－0.414)	(－1.292)
FRAUD_ RES				0.749***	－1.164	0.307
				(4.729)	(－1.287)	(1.525)
ROA	－0.121	－3.355***	－1.628**	－0.113	－3.320***	－1.636**
	(－0.173)	(－3.395)	(－2.078)	(－0.159)	(－3.362)	(－2.084)
AO	－0.771***	－1.285***	－0.719***	－0.776***	－1.294***	－0.718***
	(－4.744)	(－3.937)	(－7.085)	(－4.802)	(－3.954)	(－7.078)

续表

SWITCH	向上更换	向下更换	同级更换	向上更换	向下更换	同级更换
BIG4	0.018	1.885***	0.396**	0.021	1.885***	0.397**
	(0.025)	(6.249)	(2.484)	(0.028)	(6.246)	(2.490)
TENURE	-0.029	-0.077***	-0.022**	-0.029	-0.077***	-0.022**
	(-1.503)	(-4.375)	(-2.403)	(-1.502)	(-4.418)	(-2.406)
GROW	-0.067	-0.180**	-0.173***	-0.063	-0.186**	-0.171***
	(-0.765)	(-2.201)	(-3.067)	(-0.729)	(-2.211)	(-3.017)
LEV	0.158	-0.696***	-0.027	0.163	-0.705***	-0.024
	(0.744)	(-3.022)	(-0.163)	(0.763)	(-3.077)	(-0.143)
SOE	0.527***	0.373**	0.292***	0.531***	0.369*	0.292***
	(4.442)	(1.968)	(3.121)	(4.490)	(1.929)	(3.116)
LNA	0.055	-0.168**	-0.070***	0.053	-0.168**	-0.070***
	(0.610)	(-2.502)	(-2.666)	(0.594)	(-2.505)	(-2.676)
∑INDU	控制	控制	控制	控制	控制	控制
∑YEAR	控制	控制	控制	控制	控制	控制
Intercept	-23.424***	-16.829***	-19.444***	-23.344***	-16.682***	-19.253***
	(-9.699)	(-10.686)	(-16.581)	(-9.671)	(-10.677)	(-15.932)
N		15245			15245	
Pseudo R^2		0.083			0.083	

注：括号内为 z 值；表 4-4 的回归以未发生事务所解聘的样本为基准组；向上变更表示事务所从排名靠后的小所变更为排名靠前的大所，而向下变更表示事务所从排名靠前的大所变更为排名靠后的小所，平级变更表示其他情形的变更；下同。***，**，* 分别表示显著性水平在 1%，5% 以及 10% 的水平上显著（双尾检验）。

第（4）~（6）列列示了舞弊类或差错类重述如何影响事务所变更方向。在第（4）列中，FRAUD_ RES 的回归系数为 0.749（Z=4.729），表明舞弊类重述公司比未重述公司将现任事务所更换为声誉更好的大所的可能性更大，说明舞弊类重述公司更换会计师事务所的目的是恢复受损的声誉。而 ERROR_RES 的回归系数在第（5）列尽管为负，但并不显著。

进一步，本章只关注财务重述样本。在表 4-5 的第（1）列和第（2）列中，FRAUD 的回归系数分别为 0.740（z value = 4.117）与 -1.527（z value = -2.268），分别在 1% 和 5% 的水平上显著。这表明，经历与差错相关的财务重述公司更倾向将现任事务所更换为名气一般的小所，而经历与舞弊相关的财务重述公司更倾向将现任事务所更换为名气较大的大所。假设 H_{4-1} 与 H_{4-2} 得到了验证，证实了恢复声誉观对舞弊类重述公司是适用的，而寻找听话事务所的观点则适用于差错类重述公司。本书未发现 FRAUD 的回归系数在第（3）列中显著，也再次印证了舞弊类重述公司变更会计师事务所有着特殊目的，不会随机寻找继任会计师事务所。本书的研究发现说明财务重述公司在变更会计师事务所时，需要关注舞弊类与差错类重述公司的不同动机。

表 4-5　舞弊/差错类重述对事务所变更方向影响的 multinomial Logit 回归结果

SWITCH	向上更换	向下更换	同级更换
FRAUD	0.740***	-1.527**	0.310
	(4.117)	(-2.268)	(1.572)
ROA	-0.123	-0.177	-0.077
	(-0.091)	(-0.200)	(-0.049)
AO	-1.220**	-1.078	-1.110***
	(-2.452)	(-1.525)	(-2.706)
BIG4	-15.957***	1.799**	-16.480***
	(-20.281)	(1.989)	(-25.334)
TENURE	-0.040	-0.178***	-0.039
	(-0.753)	(-2.652)	(-0.962)

续表

SWITCH	向上更换	向下更换	同级更换
GROW	-0.015	-2.430***	-0.740
	(-0.232)	(-3.134)	(-1.562)
LEV	0.218	-0.515	-0.467
	(0.990)	(-1.127)	(-1.141)
SOE	0.051	-0.292*	0.318*
	(0.170)	(-1.853)	(1.708)
LNA	0.225	0.333	0.064
	(0.927)	(1.390)	(0.566)
∑INDU	控制	控制	控制
∑YEAR	控制	控制	控制
Intercept	-23.275***	-22.643***	-18.552***
	(-4.363)	(-3.976)	(-8.627)
N		1243	
Pseudo R^2		0.170	

注：括号内为z值；***，**，*分别表示显著性水平在1%，5%以及10%的水平上显著（双尾检验）。

4.4.3　稳健性检验

本部分，本章进行了更多的检验以进一步提高研究结论的可靠性。首先，上市公司年报中披露的发生会计师事务所解聘的原因如下：控股股东发生变更、强制变更、国资委要求、并购、审计项目组轮换、审计费用较高、提升内控的需要等。为确保本结论不受事务所解聘发生原因造成的偏误，本章将因外部原因（如国资委要求、强制变更）导致会计师事务所解聘的样本进行了剔除。重新对模型（4-1）与模型（4-2）进行了回归分析，结果与之前保持一致①。

其次，本章仅关注财务重述样本，对重述特征予以控制，检验了舞弊和差错导致的财务重述对事务所变更方向的影响。重述特征包括：MAG 为重述金额除以 t 年末的总资产；CORE 为财务重述账户，如果重述账户是日常发生的收入、费用类账户则为 1，否则为 0；ERRORS 为涵盖在重述公告中的差错数；DIRE 为重述方向，调低盈余的财务重述为 1，调增盈余的财务重述为 0；INITIATE 为重述发起方，由会计师事务所发起的重述为 1，否则为 0；其他变量如前所述。重新回归的结果如表 4 – 6 所示②。可以看出，FRAUD 的回归系数与表 4 – 5 非常类似，向上变更的样本中其回归系数为 0.824，在 1% 的水平上显著为正，向下变更的样本中其回归系数为 – 1.411，在 10% 的水平上显著为负。因此，假设 H_{4-1} 与假设 H_{4-2} 再次得到了验证。

表 4 – 6　舞弊或差错对事务所变更方向影响的 multinomial Logit 回归结果

SWITCH	向上更换	向下更换	同级更换
FRAUD	0.824***	–1.411*	0.357
	(3.314)	(–1.719)	(1.409)
MAG	5.381***	1.757	0.495
	(2.754)	(0.991)	(0.499)
ERRORS	0.022	0.097	0.043
	(0.204)	(1.132)	(0.844)
CORE	–0.063	–0.003	0.082
	(–0.407)	(–0.007)	(0.227)

① 出于篇幅考虑，未列示结果。

② 出于简化，未列示控制变量。

续表

SWITCH	向上更换	向下更换	同级更换
DIRE	0.449**	-0.145	-0.038
	(2.346)	(-0.162)	(-0.172)
INITIATE	0.356	0.951	0.424**
	(0.609)	(0.934)	(2.411)
N		1238	
Pseudo R^2		0.181	

注：括号内为z值；***，**，*分别表示显著性水平在1%，5%以及10%的水平上显著（双尾检验）。

最后，为使研究结论更为可靠，本章还使用了其他度量会计师事务所变更方向的变量。在表4-7的第（1）到第（3）列中，因变量为SWITCH1，定义如下：当公司未发生会计师事务所解聘时为0，当继任事务所排名比前任事务所高出10名以上时为1，当继任事务所排名比前任事务所低出10名以上时为2，其他情形为3；第（4）与第（5）列中的因变量为SWITCH2，定义如下：当继任事务所排名高于前任时为1，继任事务所排名低于前任时为2，未发生事务所变更时为0。在第（1）列中，FRAUD的回归系数为0.314（z value=1.811），在10%的水平上显著，同之前结论一致。在第（4）列中，FRAUD的回归系数为0.482（z value=2.629），在1%的水平上显著，表明同舞弊相关的财务重述比同差错相关的财务重述更可能使得公司将现任事务所更换为更有名的大所，假设H_{3-1}再次得到验证。而在第（2）列与第（5）列中，FRAUD的回归系数为负，但不显著，一定程度上也同之前的结论保持一致。

表 4-7　舞弊或差错对事务所变更方向的影响（对事务所变更的其他度量方式）

	SWITCH1			SWITCH2	
	向上更换	向下更换	同级更换	向上更换	向下更换
FRAUD	0.314 *	-0.836	0.591 ***	0.482 ***	-0.050
	(1.811)	(-1.418)	(3.258)	(2.629)	(-0.124)
ROA	-0.202	0.311	-1.024	-0.283	-0.466
	(-0.133)	(0.217)	(-0.550)	(-0.222)	(-0.336)
AO	-0.771 **	-2.070 ***	-0.931 *	-0.399	-1.937 ***
	(-2.343)	(-3.193)	(-1.702)	(-1.246)	(-4.436)
BIG4	-15.056 ***	0.978	-0.897	-15.287 ***	0.645
	(-23.208)	(1.399)	(-0.921)	(-27.812)	(1.192)
TENURE	0.006	-0.152 ***	-0.068 *	-0.021	-0.107 **
	(0.152)	(-3.971)	(-1.859)	(-0.627)	(-2.487)
GROW	-0.153	-1.537 **	-0.804	-0.268	-1.277 ***
	(-0.903)	(-2.350)	(-1.261)	(-0.991)	(-2.877)
LEV	-0.036	-1.114 **	-0.209	0.211	-0.826 **
	(-0.095)	(-2.322)	(-0.314)	(0.848)	(-2.276)
SOE	0.340 *	-0.156	0.594 *	0.287	0.335
	(1.666)	(-0.449)	(1.924)	(1.365)	(0.875)
LNA	-0.064	0.064	0.308 **	0.054	0.196 ***
	(-0.372)	(0.576)	(1.981)	(0.426)	(2.853)
ΣINDU	控制	控制	控制	控制	控制
ΣYEAR	控制	控制	控制	控制	控制
N	1264	1264	1264	1264	1264
$PseudoR^2$	0.162	0.162	0.162	0.141	0.141

注：括号内为 z 值；注意：***，**，* 分别表示显著性水平在 1%，5% 以及 10% 的水平上显著（双尾检验）。

4.5　小结

近年来，有关财务重述经济后果研究的文献层出不穷。本章通过检验财务重述后发生会计师事务所解聘的频率以及事务所解聘，究竟是由重述公司寻找“听话”事务所还是恢复受损的声誉引起的，扩展了已有文献的研究内容。本章发现财务重述公司在重述年度后解聘会计师事务所的频率显著高于非重述公司。此外，本章试图分析财务重述导致事务所被解聘的原因，以区别顺从观与恢复声誉观。同时，本章未发现重述公司更倾向寻找“听话”事务所或恢复声誉。这个证据表明有些公司在重述后试图恢复声誉，有些则试图寻找“听话”事务所，因此财务重述本身不会影响到会计师事务所的变更方向。

本章有一个有趣的发现，在将重述公司区分为由舞弊还是由差错导致之后，发现经历过与舞弊相关的财务重述公司比经历过与差错相关的财务重述公司将现任事务所更换为更有名的大所的可能性更大，而经历过与差错相关的财务重述公司比经历过与舞弊相关的财务重述公司将现任事务所更换为听话的小所的可能性更大。这一结论说明，恢复声誉观适用于舞弊公司，而顺从观适用于差错公司。本章的发现为上市公司、广大投资者以及监管部门提供了有关财务重述和会计师事务所变更方面的政策建议。监管部门应当重点关注与差错相关的财务重述公司通过解聘事务所以寻找“听话”事务所的可能性。

第5章 会计师事务所变更后审计质量的变化研究

5.1 问题提出

有关财务报告质量与会计师事务所变更的讨论在近几年引起了监管部门、政策制定者、学者以及广大投资者的重视。在近年来发生的公司丑闻、财务报告舞弊以及可能的审计师合谋事件引起了公众对财务报告可靠性以及审计过程的质疑。中国经济的快速增长被其他国家所见证和羡慕，然而如果这种增长是以公司丑闻为代价的话，其经济增长质量将受到严重质疑。

以往有研究证实审计质量与审计任期有关，为此，监管部门和政策制定者也进行了相应的规定。中国证券监督管理委员会对于注册会计师一个人审计同一家上市公司做出 5 年的限制。此外，国资委在 2004 年规定，会计师事务所连续审计同一家央企不得超过 5 年。然而，没有统一的规定针对所有上市公司轮换会计师事务所做出明确要求。近年来发生的一系列重大财务重述事件表明，中国迫切需要这方面的规定。证监会于 2003 年做出了公开发行证券的公司信息披露编报规则第 19 号——财务信息的更正及相关披露，要求上市公司按照要求的格式披露重大会计差错。财政部（2006）也要求重大的会计差错应当被更正，与之相关的前期财务报表应当被重新表述。

外部审计与财务重述有着密切关系，不仅在会计差错发生期，还有差错更正期（即重述期）。可以这样理解：当外部审计在差错发生期发现会计差错后，有两种选择，一种是要求上市公司更正差错，另一种是默许客户的选择。第一种选择可能会使得事务所被解聘，因为上市公司可能不喜欢事务所的会计处理，他们想找到更为“听话”的事务所；而第二种处理方式可能会以几年后的财务重述而终结。财务重述后，事务所也可能会被上市公司解聘，上市公司寄希望在财务重述后恢复声誉。然而，上市公司不确定继任事务所的态度和谨慎性，因此会计师事务所变更不一定能帮助上市公司获得“听话”的事务所。

本章关注中国资本市场，并检验财务重述对会计师事务所变更的影响。本章不同于 Hennes、Leone 和 Miller（2011）的研究，他们证实了财务重述公司的会计师事务所更可能被解聘。事务所变更在他们的研究设计中被选在财务重述前后的 12 个月内。而本章认为，事务所变更的选择期间应当在财务重述后的 12 个月内。本章的研究也不同于 Mande 和 Son（2012），他们发现财务重述会导致事务所变更。遗憾的是，他们的理论基础在于更换事务所是为了帮助重述公司恢复受损的声誉，而未考虑其他可能的动机。本章充分考虑到客户更换会计师事务所还可能为了寻找“听话”的事务所以默许会计处理。本章也不同于 Lazer、Livnat 和 Tan（2004）的研究，他们发现继任事务所会要求新客户重述前期财务报表，他们研究关注的是季度财务报表，而不是年度报告，不足以说明财务报告质量与事务所变更之间的关系。此外，Hennes、Leone 和 Miller（2011）与 Lazer、Livnat 和 Tan（2004）研究关注的是继任会计师事务所任期内发生的财务重述。财务重述还有很大可能是发生在前任事务所的任期内，结果一方面由于财务重述本身的危害以及客户恢复声誉的动机，导致事务所被解聘；另一方面，继任事务所是否会对新客户采取稳健的处理方式也是一个值得检验的经验问题，即会计师事务所变更能否帮助上市公司找到“听话”的事务所。

本章有两个研究目标，一是试图证实财务重述后重述公司发生事务所变更的频率要高于非重述公司发生事务所变更的频率；二是试图检验继任会计师事务所是否对新客户采取稳健的处理方式，即继任事务所是否“听话”，这通过针对继任事务所审计的财务报表的重述行为来体现。

本章的贡献主要有以下方面：首先，本章提供了一种以往文献较少关注的管理层诉讼风险策略，继任事务所有动机通过要求新客户重述他们审计的财务报表以降低诉讼风险，补充了 Lazer、Livnat 和 Tan（2004）的研究内容。其次，本章不是要关注会计师事务所变更对财务重述的影响，而是检验继任事务所对二次重述的态度。本章发现，目前为止只有 Files、Sharp 和 Thompson（2014）检验了二次重述公司的特征，不过他们未检验二次重述与会计师事务所变更之间的关系。最后，本章提供证据表明财务重述公司更换事务所后审计质量仍然较低，继任事务所难以在第一时间有效发现客户的会计差错，最终导致随后年度的财务重述。

本章的剩余部分如下：第二部分为文献回顾与假设提出，第三部分为样本选择与研究方法，第四部分为实证结果与讨论，第五部分为结论。

5.2　文献回顾与假设提出

大量研究表明，前后任会计师事务所对发生事务所变更的客户较为谨慎。这些度量谨慎的方法包括审计意见、可操控应计以及其他的会计政策。有些研究发现客户解聘会计师事务所是由于前任事务所的谨慎性（Chow 和 Rice，1982；Krishnan，1994；Krishnan 和 Stephens，1995；Krishnan、Krishnan 和 Stephens，1996；DeFond 和 Subramanyam，1998；Lennox，2000；Vanstraelen，2003；陈武朝与张泓，2004；陆正飞与童盼，2003；Ettredge、Li 和 Scholz，2007；李东平、黄德华与王振林，2001），表明上市公司有动机进行审计意见购买。Sengupta 和 Shen（2007）发现应计质量较低的公司伴随着较高的事务所变更的频率。Ettredge 等（2011）发现公司在收到审计师出具的内部控制重大缺陷报告后更可能解聘审计师，他们的证据表明客户解聘事务所很可能是出于改善财务报告质量的考虑。同时，Bradshaw、Richardson 和 Sloan（2001）未发现高应计会导致事务所变更。鉴于上述不一致的结果，用应计质量来反映会计师事务所的谨慎性可能不合适，因为应计质量是一种状态而不是结果，难以区分好坏。

不同于应计质量，财务重述是真实发生的事件，一种结果能够更好地反映审计质量，表明审计师在以前期间未能发现或披露错报。以往学者研究过财务重述与事务所变更之间的关系。Agrawal 和 Cooper（2009）在对 1997～2002 年调低盈余的财务重述样本的分析中，未发现会计师事务所变更的频率显著较高。这个结果可能受到研究期间的影响而有所偏误，那时美国审计市场事务所变更的频率过高。Myers 等（2003）也未发现事务所变更会影响到事务所要求客户重述财务报表的意愿。具体来说，对于在错报期与重述期之间更换事务所的客户，继任事务所能够发现 30% 的错报；而对这段时间没有更换事务所的公司来说，其事务所能够识别 42% 的错报，且两者间不存在显著差异。但是他们的结论是建立在季度而不是年度财务报表上，而且也未进行多变量分析进一步证实结论。Thompson 和 McCoy（2008）发现财务重述的金额而不是方向，在决定事务所变更时起到了重要作用。

Hennes、Leone 和 Miller（2011）发现重述公司的会计师事务所比非重述公司的事务所更可能被解聘。Lazer、Livnat 和 Tan（2004）针对季度报告进行了分析，发现继任事务所会要求新客户重述以前年度的财务报表。然而，继任事务所在其研究设计中与以往的错报无关。

尽管以往有研究表明财务重述后治理结构以及人员变化有助于财务报告可靠性的恢复（Farber，2005；Wilson，2008），但在财务重述的情形下，由于更换事务所存在成本，因而较少发生。然而，中国上市公司对清洁审计意见有较高需求以满足发行股票等方面的条件。因此，公司在发生财务重述后并不情愿保留现任事务所，仍然试图寻找“听话”的事务或恢复公司声誉。本章的第一个假设如下：

H_{5-1}：财务重述公司在重述后发生会计师事务所变更的频率高于非重述公司发生事务所变更的频率。

根据财务重述的不同特征以及严重程度，财务重述可以被分为不同类型，其具有不同的后果。大量研究证实调低盈余的财务重述比调高盈余的财务重述更为严重（Palmrose、Richardson 和 Scholz，2004；Srinivasan，2005；魏志华、李常青与王毅辉，2009；Lev、Ryan 和 Wu，2008；Callen、Livnat 和 Segal，2008）。上市公司的管理层有较强动机把盈余维持在高水平或达到需要的盈余目标以实现个人利益。当他们把盈余调高时，实际利润低于报告的利润，最终会导致调低盈余的财务重述。资本市场以及投资者会认为调低盈余的财务重述比调高盈余的财务重述更加不可接受。因此，本书认为调低盈余的财务重述比调高盈余的财务重述更可能导致会计师事务所变更。由此，本章提出假设：

H_{5-2a}：调低盈余的财务重述公司比调高盈余的财务重述公司更可能发生会计师事务所变更。

很多实证研究表明财务重述金额与权益价值正相关（Files、Swanson 和 Tse，2009；Palmrose、Richardson 和 Scholz，2004）。Files、Swanson 和 Tse（2009）发现股东集体诉讼的概率与重述金额显著负相关。这些研究有力证实了金额重大的正向财务重述能给公司带来利益或至少不会带来负面影响。相反，金额重大的负向财务重述可能会对公司发展带来伤害。这是由于金额重大的正向重述可能不会被市场看作是坏消息，金额重大的负向重述常常被看作是坏消息。本书预期在负向金额重大的财务重述下，上市公司更可能解聘会计师事务所。由此，本章提出假设：

H_{5-2b}：会计师事务所变更与财务重述的金额负相关。

大量研究证实了当财务重述涉及核心账户（日常发生的收入与费用，比如销售收入、销售成本以及经营性费用等）时，经济后果将会更为严重（Palmrose 和 Scholz，2004；Palmrose、Richardson 和 Scholz，2004；Lev、Ryan 和 Wu，2008；魏志华、李常青与王毅辉，2009）。此外，Palmrose 和 Scholz（2004）发现核心账户重述的公司更可能有蓄意错报（舞弊）。核心账户可以较为容易地被用来操纵盈余，因而更容易引起公众的关注。由此，本章提出假设：

H_{5-2c}：核心账户重述的公司相对非核心账户重述的公司更可能导致事务所变更。

当财务重述与以前年度多期财务报表有关时，其影响可能是广泛和重大的。因为被重述的年度数越多，投资者和债权人损失的也越多。因此，当财务重述表明以前多期报表存在错报时，公司有较强的动机更换事务所以恢复声誉。由此，本章提出假设：

H_{5-2d}：事务所变更频率与财务报表被重述的年度数正相关。

在中国，一份财务重述公告可能涵盖多项会计差错，这意味着其复杂性和严重性。因此，资本市场与投资者对这种财务重述具有较为负面的反应。本章提出假设：由此，本章提出假设：

H_{5-2e}：事务所变更频率与财务重述涵盖的差错数正相关。

很多研究发现审计意见购买是不成功的。陈武朝和张泓（2004）发现继任会计师事务所会要求其客户采取更为稳健的会计处理。Chow 和 Rice（1982），Krishnan（1994），Krishnan、Krishnan 和 Stephens（1996），吴联生和谭力（2005），陆正飞和童盼（2003）发现事务所变更不会显著改善审计意见，表明审计意见购买通常是无效的。Krishnan 和 Stephens（1995）发现与未更换事务所的公司相比，更换事务所的公司都受到前后任事务所较为稳健的处理。同时，也有研究发现审计意见购买成功的证据。使用中国 A 股上市公司 1999～2004 年的数据，刘伟和刘星（2007）发现上市公司通过更换事务所操纵盈余，而继任事务所也未能保持应有的谨慎。他们还发现，报告盈利的公司在事务所变更前可操控应计水平较低，而在事务所变更后可操控应计水平显著上升。他们还发现报告亏损的公司可能会经历“大洗澡”

的行为。许多上市公司进行盈余管理的行为以避免退市的警戒线（比如，ROE 为正）。因此，在中国资本市场上，应计是不太能值得信赖的。Chan、Lin 和 Mo（2006）研究中国审计市场发现，地方政府控制的国有企业在将会计师事务所由非本地所换为本地所时，能够成功实现审计意见购买。Lennox（2000）研究英国数据发现，更换事务所会增加审计意见变化的概率，这表明公司能够成功购买审计意见。因为在英国，前任事务所很少向继任事务所披露客户不恰当的会计处理，而且继任事务所也不能获得前任事务所的审计工作底稿。

由于审计市场集中度较低，中国审计市场是买方市场。此外，由于投资者保护水平较低，审计师面临很小的诉讼风险，违规成本很低。一旦事务所向客户说不就很可能被解聘（DeFond、Wong 和 Li，2000）。由此一来，会计师事务所与审计客户两者在地位上可能是不对等的。财务重述公司在经历事务所变更后，生成的财务报告质量依然较低，财务报表中涵盖会计差错。而继任事务所为了在审计初期挽留客户可能也会默许会计处理，最终的结果是几年后的二次重述。本章提出如下假设：

H_{5-3}：财务重述公司在变更事务所后，其在继任事务所的任期内更加可能发生针对继任事务所审计的财务报表的二次重述。

5.3　研究设计

5.3.1　样本选择

财务重述是指上市公司对以前年度财务报表中的会计差错进行更正和披露，不包括股票拆分、股票红利、终止经营、并购、新会计准则的应用，也不同于年报补丁。财务重述样本主要通过对2003年至2011年中国上市公司的年报手工收集获得。部分财务重述样本来自巨潮资讯网，通过关键字（比如更正、调整和差错）查找获得。本章从1202个财务重述样本中剔除了2个B股观测值，剩下的1200个重述观测值作为本研究的基准样本，不过样本大小可能因数据的可获得性而变化。财务重述公告提供了有关财务重述公告日的信息、重述的原因与金额。与审计相关的数据以及其他数据来自CSMAR数据库，事务所变更的数据根据来自CSMAR数据库中有关事务所名称的信息，通过手工整理获得[①]。笔者手工收集了财务重述的信息，包括对盈余的影响、重述账户、错报年度以及具体的会计差错。笔者还计算了每一项财务重述针对的会计差错数。

本研究确保非财务重述观测值在所选样本区间未经历过财务重述。将财务重述观测值与CSMAR数据库中的数据相结合后，可得到由649家公司构成的1042个财务重述观测值，以及714家公司构成的4141个非财务重述观测值。

为检验会计师事务所变更是否受到财务重述特征的影响，本章将财务重述方向进行分类，并报告了财务重述的样本特征，具体如表5-1所示。可以看出，调低盈余的财务重述组中（Direction =1）财务重述金额绝对值的均值（0.041）高于调高盈余的财务重述组中（Direction =0）财务重述金额绝对值的均值（0.013）。在重述账户方面，调低盈余的财务重述更可能与核心账户有关，CORE在两组中的均值分别为0.319与0.224。

① 本研究的事务所变更不包括事务所合并、分离、更名等情况；我国很少有事务所主动辞聘的情形，在本研究中，事务所变更样本中仅有3家事务所主动辞聘的情形，将这三个观测值剔除不影响本书的结论。

在被重述年度数方面，可以看到，INF 在调低盈余的重述组中的均值为 1.520，要高于调高盈余重述组中的均值 1.293。此外，调低盈余的财务重述发生的会计差错数（ERRORS）更多，ERRORS 在两组中的均值分别为 2.178 与 1.867，表明调低盈余的财务重述更可能发生多项差错。

表 5-1　　财务重述特征（按照重述方向分组）

特征	DIRE	N	Mean	Std. Dev.	Min	Max
MAG	1	780	-0.041	0.561	15.592	$-0.002\times10^{(-3)}$
	0	394	0.013	0.051	0	0.711
CORE	1	794	0.319	0.466	0	1
	0	406	0.224	0.418	0	1
INF	1	794	1.520	0.781	1	5
	0	406	1.293	0.554	1	4
ERRORS	1	794	2.178	2.061	1	16
	0	406	1.867	1.778	1	17

注：对于 DIRE，调低盈余的财务重述为 1，调高盈余的财务重述为 0；MAG = 重述金额/总资产；CORE = 1 如果受影响的账户是经常发生的收入、费用类账户，否则为 0；INF = 被重述的年度数；ERRORS = 涵盖在财务重述公告中的会计差错数。

5.3.2　回归模型

本研究进行了几项 Logit 回归。第一个回归模型用以检验假设 H_{5-1}和 H_{5-2}。因变量是 0-1 变量，表明公司是否在财务重述后经历会计师事务所变更。本章关注的解释变量为公司是否发生财务报表重述以及财务重述的特征。本章还控制住了公司规模、资产负债率、盈利能力、成长情况、审计意见类型、事务所类型，以及公司是否经历监管部门的特殊处理（ST）。此外，年度和行业虚拟变量也反映在回归模型中。

$$CHANGE = \beta_0 + \beta_1 RES + \beta_2 TYPE + \beta_3 ROE + \beta_4 AO + \beta_5 Big4 + \beta_6 GROW + \beta_7 LEV + \beta_8 ST + \beta_9 LNA + \sum YEAR + \sum INDU + \varepsilon \quad (5-1)$$

其中：

CHANGE = 事务所变更，当公司在 t + 1 年变更事务所时为 1，否则为 0；

RES = 1 如果公司在 t 年宣告财务重述，否则为 0；

TYPE = 财务重述的特征，包括以下方面：DIRE = 1 如果财务重述调低以前年度损益，= 0 如果财务重述调增以前年度损益；MAG = 重述金额/t 年末的总资产；INF = 被重述的年度数；CORE = 1 如果被重述的账户为经常发生的核心类账户，否则为 0；ERRORS = 财务重述报告中涵盖的会计差错数；

AO = 1 如果公司在 t 年被出具标准审计意见，否则为 0；

BIG4 = 如果公司在 t 年被"四大"事务所审计，否则为 0；

ROE = t 年末的净资产收益率；

ST = 特殊处理的英文缩写，如果公司近两年连续亏损为 1，否则为 0；

GROW = t 年的销售收入增长率；

LNA = t 年末总资产的自然对数；

LEV = t 年末资产负债率；

∑YEAR = 年度虚拟变量；

∑INDU = 行业虚拟变量；

t 年是公司重述财务报表的年度。本章的解释变量包括公司是否发生财务重述（RES），以及财务重述的特征（TYPE），具体包括重述方向（DIRE）、金额（MAG）、被重述年度数（INF）、被重述账户（CORE）以及会计差错数（ERRORS）。本章使用 ST 以及 ROE 以控制盈利能力。为了控制外部审计的特征，本章使用 AO 与 BIG4。此外，公司增长情况、资产负债率、公司规模、行业和年度虚拟变量也被反映在回归模型中。

为了检验假设 H_{5-3}，本章使用如下模型：

$$RRES = \beta_0 + \beta_1 CHANGE + \beta_2 AO + \beta_3 TENURE + \beta_4 BIG4 + \beta_5 IND + \beta_6 AUDITC + \beta_7 SOE + \beta_8 ROA + \beta_9 LNA + \varepsilon \quad (5-2)$$

其中：

RRES =1 如果公司在 v 年又进行财务重述，否则为 0；

CHANGE =1 如果公司在 t +1 年与 v -1 年①之间更换事务所，否则为 0；

TENURE = 上市公司雇佣会计师事务所的连续年度数；

IND = v -1 年的独立董事比例；

AUDITC =1 如果公司在 v -1 年有审计委员会，否则为 0；

SOE = 如果公司在 v -1 年为国有企业，否则为 0；

ROA = v -1 年末的总资产收益率；

独立董事与审计委员会有责任监督管理层，进而有可能影响财务重述的发生。国有企业（SOE）除了需要考虑盈利方面，还要关注社会责任以及社会福利，当违规发生时，他们可能会得到政府的庇护。

表 5 -2 按照财务重述是否发生分组进行了全样本的描述性统计。重述组中（RES =1）CHANGE 的均值为 0.2188，显著高于非重述组中（RES =0）的均值 0.1273（t value = -7.5202），表明财务重述公司更可能发生会计师事务所变更。此外，控制变量的描述性统计也反映在表 5 -2 中。可以看出，在变量 AO、

① 在模型（5 -2）中，本书主要关注事务所变更后的二次重述。二次重述可能在事务所变更后发生。

BIG4、ST、IND 以及 TENURE 方面，财务重述组与非重述组之间存在着显著差异。审计意见类型方面（AO），财务重述组（RES = 1）的均值为 0. 8052，显著低于非财务重述组中（RES = 0）的均值 0. 8809（t value = 6. 4295），表明财务重述公司更可能被出具非标审计意见。会计师事务所规模方面（BIG4），财务重述组（RES = 1）的均值为 0. 0269，显著低于非财务重述组中（RES = 0）的均值 0. 0515（t value = 3. 3719），表明财务重述公司更可能被非四大会计师事务所审计。特殊处理方面（ST），财务重述组（RES = 1）的均值为 0. 1516，显著高于非财务重述组中（RES = 0）的均值 0. 1288（t value = −1. 9400），表明财务重述公司更可能被特殊处理。独立董事比重方面（IND），财务重述组（RES = 1）的均值为 0. 3336，显著低于非财务重述组中（RES = 0）的均值 0. 3390（t value = 2. 3127），表明财务重述公司中的独立董事比重较低。审计任期方面（TENURE），财务重述组（RES = 1）的均值为 5. 7927，显著低于非财务重述组中（RES = 0）的均值 6. 1184（t value = 2. 4301），表明财务重述更可能发生在短审计任期的情况下。

表 5 − 2　　财务重述样本与非重述样本的描述性统计

Variable	RES	N	Mean	Std. Dev.	Min	Max	Mean Difference
CHANGE	1	1042	0. 2188	0. 4136	0	1	−0. 0915 ***
	0	4139	0. 1273	0. 3334	0	1	(−7. 5202)
ROE	1	964	−0. 0279	1. 7225	−10. 2185	48. 8029	0. 0108
	0	3964	−0. 0171	3. 4742	−134. 7938	159. 9028	(0. 0936)
ROA	1	1042	−0. 0344	0. 3799	−8. 7534	1. 1202	−0. 3055
	0	4139	−0. 3398	35. 4011	−2146. 1610	758. 7382	(−0. 2785)

续表

Variable	RES	N	Mean	Std. Dev.	Min	Max	Mean Difference
AO	1	1042	0. 8052	0. 3963	0	1	0. 0757 ***
	0	4139	0. 8809	0. 3240	0	1	(6. 4295)
BIG4	1	1042	0. 0269	0. 1618	0	1	0. 0246 ***
	0	4139	0. 0515	0. 2210	0	1	(3. 3719)
LEV	1	1042	0. 6834	0. 7832	0. 0249	9. 6988	0. 2449
	0	4139	0. 9283	13. 9922	0	877. 2559	(0. 5648)
ST	1	1042	0. 1516	0. 3588	0	1	-0. 0229 *
	0	4139	0. 1288	0. 3350	0	1	(-1. 9400)
LNA	1	1042	21. 1419	1. 0457	17. 1219	25. 7813	0. 0283
	0	4139	21. 1702	1. 0930	12. 3143	25. 9276	(0. 7525)
GROW	1	1012	3. 8209	57. 0966	-4. 0890	1579. 8130	-1. 5225
	0	4049	2. 2985	42. 3502	-27. 2574	1785. 8340	-0. 9484
IND	1	1041	0. 3336	0. 0737	0	0. 7500	0. 0054 **
	0	4132	0. 3390	0. 0664	0	0. 6667	(2. 3127)
AUDITC	1	1041	0. 6100	0. 4880	0	1	0. 0246
	0	4132	0. 6346	0. 4816	0	1	1. 4671
SOE	1	1041	0. 5946	0. 4912	0	1	-0. 0012
	0	4132	0. 5934	0. 4913	0	1	-0. 0706
TENURE	1	1042	5. 7927	3. 8223	1	18	0. 3257 **
	0	4139	6. 1184	3. 8778	1	18	(2. 4301)

注：财务重述组为 RES = 1，非财务重述组为 RES = 0；括号内为 t 值；t 值上方为财务重述组与非重述组的均值差异 t 检验；***，**，* 分别表示显著性水平在 1%，5% 以及 10% 的水平上显著（双尾检验）。

5.4 实证结果

5.4.1 财务重述对会计师事务所变更的影响

表 5 - 3 列示了财务重述影响会计师事务所变更的回归结果，因变量为上市公司是否发生事务所变更。第（1a）列针对 1042 个财务重述观测值以及 4139 个非财务重述观测值列示了财务重述对事务所变更的影响。同预期一致，本章发现 RES 的回归系数为 0.5438，在 1% 的水平上显著为正（t value = 5.5951），表明事务所变更可能发生在财务重述公司中。本章的假设 H_{5-1} 得到了证实。

表 5 - 3 财务重述对事务所变更影响的 Logit 回归结果

CHANGE	预期符号	(1a)	(1b)	(1c)	(1d)	(1e)	(1f)
RES	+	0.5438*** (5.5951)					
DIRE	+		0.2067 (1.1736)				
MAG	-			-1.2468 (-0.9363)			
CORE	+				-0.0023 (-0.0129)		
INF	+					0.2967*** (2.8429)	
ERRORS	+						0.2207*** (5.9218)

续表

CHANGE	预期符号	(1a)	(1b)	(1c)	(1d)	(1e)	(1f)
ROE	?	-0.0020	0.1340	0.1227	0.1223	0.1404	0.1772
		(-0.1767)	(1.0641)	(1.0056)	(1.0037)	(1.1246)	(1.3106)
AO	-	-0.7147***	-1.0151***	-1.0036***	-1.0272***	-0.9673***	-0.9504***
		(-5.4853)	(-4.4628)	(-4.3931)	(-4.5262)	(-4.2319)	(-4.0482)
BIG4	?	0.4700**	1.0042**	0.9959**	1.0000**	0.9766**	0.9127**
		(2.5148)	(2.3474)	(2.3330)	(2.3435)	(2.2743)	(2.0787)
GROW	?	0.0001	0.0006	0.0006	0.0005	0.0006	0.0005
		(0.1534)	(0.5091)	(0.4550)	(0.4353)	(0.5150)	(0.3888)
LEV	?	0.4086	-0.4943***	-0.5111***	-0.4927***	-0.5139***	-0.5855***
		(1.6168)	(-2.8220)	(-2.8891)	(-2.8038)	(-2.9251)	(-3.1723)
ST	+	-0.0601	0.9437***	0.9327***	0.9322***	0.9673***	0.8520***
		(-0.3976)	(3.7620)	(3.7230)	(3.7198)	(3.8350)	(3.2953)
LNA	?	-0.0377	0.1793**	0.1833**	0.1803**	0.1689*	0.1257
		(-0.7528)	(1.9981)	(2.0465)	(2.0092)	(1.8799)	(1.3626)
∑YEAR		controlled	controlled	controlled	Controlled	controlled	controlled
∑INDU		controlled	controlled	controlled	Controlled	controlled	controlled
INTERCEPT		-1.0153	-5.1894***	-5.1332**	-5.0429**	-5.2065***	-4.6223**
		(-0.9527)	(-2.5862)	(-2.5647)	(-2.5111)	(-2.5940)	(-2.2671)
N		4823	1039	1039	1039	1039	1039
LR chi^2		121.31	104.56	104.05	103.17	111.01	139.59
Pseudo R^2		0.0310	0.0950	0.0945	0.0937	0.1008	0.1268

注：***，**，*分别表示显著性水平在1%，5%以及10%的水平上显著（双尾检验）；括号内为t值。

本章进一步关注财务重述样本，检验财务重述特征对事务所变更的影响，结果反映在第（1b）列到（1f）列中。从第（1b）列可以看出，DIRE的系数为0.2067（t value = 1.1736），同预期符号一致却不显著。假设 H_{5-2a} 未得到证实。

在第（1c）中，尽管 MAG 的符号为负，与预期一致却不显著（t value = -0.9363）。事务所变更、重述方向与重述金额的关系可能较为复杂。笔者在进一步分析中做出详细说明。

如第（1d）列所示，本章也未发现事务所变更与核心账户重述之间呈现显著的正向关系，这可能同财务重述披露的格式有关。中国上市公司常常将以前多年的多项会计差错汇总在一份财务重述报告中，有的错报与核心账户有关，而有的错报则与核心账户无关。公司仅通过这些账户的披露信息难以做出更换事务所的决定。假设 H_{5-2c} 未得到证实。

其他财务重述特征，比如 INF 与 ERRORS，对事务所变更的影响同预期符号一致。其系数分别为 0.2967（t value = 2.8429）与 0.2207（t value = 5.9218），均在 1% 的水平上显著，表明被重述的年度数以及重述公告中涵盖的会计差错数均与事务所变更的频率正相关。这些结果证实了假设 H_{5-2d} 与 H_{5-2e}。

在控制变量方面，AO 与 BIG4 分别与会计师事务所变更之间存在显著的负向与正向关系，表明被出具非标审计意见、经“四大”审计的公司更可能变更会计师事务所。LEV 的系数在由财务重述样本构成的第（1b）列至（1f）列中显著为负，但却在第（1a）列即全样本中不显著。ST 与 LNA 在第（1b）列至（1f）列的回归系数中显著为正，在第（1a）列不显著，表明当财务重述公司经历过 ST、规模较大时更可能发生事务所变更。这说明会计师事务所与客户之间的谈判能力在很大程度上取决于客户的规模。

5.4.2 事务所变更后的二次重述

本章将 CSMAR 数据库中的数据与发生二次财务重述的样本

进行合并，得到 252 家上市公司的 393 个二次重述的观测值。表 5－4 针对财务重述样本列示了事务所变更对二次重述影响的 Logit 回归结果。第（1）列列示了继任事务所对于发现的差错如何应对。同预期一致，本章发现 RRES 与 CHANGE 之间存在着显著的正向关系，回归系数为 0.6196（t value = 3.0118），表明以前年度发生过财务重述又经历会计师事务所变更的公司比未经历事务所变更的公司更加可能在继任事务所审计的任期内发生二次重述。这说明继任事务所在其审计期间，为了维持新的业务，对曾经发生过财务重述的客户缺少独立性，所提供的审计质量依然较低，在客户发生会计差错时不会在第一时间发现或纠正。

表 5－4　　事务所变更对二次重述影响的 Logit 回归结果

RRES	预期符号	RES = 1	DIRE = 1	DIRE = 0	RES = 1	DIRE = 1	DIRE = 0
CHANGE	+	0.6196***	0.4677*	1.3221***	0.7197***	0.6169**	1.1233*
		(3.0118)	(1.9403)	(2.7395)	(2.7446)	(1.9936)	(1.8970)
AO	−	−0.7633***	−0.5113**	−1.8462***	−0.5960***	−0.3058	−1.9112***
		(−3.6046)	(−2.0920)	(−3.4759)	(−2.6169)	(−1.1761)	(−3.2188)
TENURE	?	0.0005	0.0013	0.0437	0.0020	−0.0029	0.0530
		(0.0274)	(0.0528)	(1.0449)	(0.0985)	(−0.1171)	(1.2277)
BIG4	?	−1.2118**	−1.5523**	−1.2012	−1.4114***	−1.9311**	−1.1442
		(−2.4178)	(−2.3080)	(−1.3132)	(−2.6174)	(−2.4383)	(−1.2611)
IND	−	−1.0335	−0.3675	−1.6985	−1.0131	−0.2059	−2.1835
		(−0.8230)	(−0.2477)	(−0.6125)	(−0.7681)	(−0.1325)	(−0.7490)
AUDITC	−	0.0768	0.0225	0.3672	−0.0055	−0.0537	0.2969
		(0.4343)	(0.1074)	(0.9790)	(−0.0295)	(−0.2455)	(0.7467)
SOE	?	0.4368**	0.4323**	0.5066	0.5548***	0.4591**	0.8563**
		(2.5416)	(2.0762)	(1.4485)	(3.0356)	(2.0822)	(2.2609)

续表

RRES	预期符号	RES = 1	DIRE = 1	DIRE = 0	RES = 1	DIRE = 1	DIRE = 0
ROA	?	0.4515	0.2643	0.8552	0.3615	0.1059	0.9622
		(1.5528)	(0.7597)	(0.9571)	(0.9861)	(0.2552)	(0.9429)
LNA	?	-0.1638**	-0.1718	-0.1189	-0.2089**	-0.1977*	-0.1931
		(-1.9861)	(-1.6410)	(-0.7590)	(-2.3890)	(-1.7597)	(-1.1653)
∑YEAR		Controlled	Controlled	controlled	Controlled	controlled	controlled
∑INDU		Controlled	Controlled	controlled	Controlled	controlled	controlled
INTERCEPT		4.6781**	4.2019*	5.3503	5.7501***	4.8354*	7.4043*
		(2.5527)	(1.8327)	(1.4872)	(2.9364)	(1.9515)	(1.9517)
N		870	587	278	799	535	260
LR chi^2		93.34	53.38	78.36	94.32	54.86	75.12
Pseudo R^2		0.0779	0.0661	0.2041	0.0859	0.0746	0.2102

注：第（1）列与第（4）列仅关注财务重述样本；第（2）列与第（5）列仅关注调低盈余的财务重述样本；第（3）列与第（6）列仅关注调增盈余的财务重述样本；***，**，*分别表示显著性水平在1%，5%以及10%的水平上显著（双尾检验）；括号内为t值。

5.4.3 进一步分析

本部分进行了更多的检验以提高结论的可靠性。

第一，本章将393个二次重述观测值区分为调低盈余的重述（DIRE = 1）以及调高盈余的重述（DIRE = 0），如表5-4的第（2）列与第（3）列所示。CHANGE的回归系数在两组均显著为正。在第（2）列中，CHANGE的回归系数为0.4677，在10%的水平上显著；在第（3）列中，CHANGE的回归系数为1.3221，在1%的水平上显著。结果表明以前年度发生过财务重述又经历会计师事务所变更的公司比未经历事务所变更的公司更加可能在继任事务所审计的任期内发生二次重述，无论是调增盈余还是调减盈余的财务重述。此外，本章还发现了有趣的现象。SOE 的系数在所有列中的回归系数均显著为正，这表明国有企业更可能发生二次重述，这可能是因为监管部门对国企更为宽松。

第二，为了使得本章的假设 H_{5-3}更为可靠，如果导致财务重述的错报发生在前任事务所的任期内，本章就对其进行剔除，这一处理的原因在于本章意图检验继任事务所对新客户在其审计任期发生的会计差错方面的态度。将 CSMAR 数据与二次重述的数据相结合得到了 237 家上市公司的 355 个二次重述观测值（在剔除前，有 252 家上市公司的 393 个二次重述观测值）。结果反映在表 5－4 的第（4）列至第（6）列，CHANGE 的回归系数均显著为正，同第（1）列至第（3）列类似。

第三，由于 DIRE 与 MAG 在表 5－3 中的回归系数不显著，本章将财务重述样本区分为调增盈余与调减盈余的样本，并进行了 Logit 回归分析以检验财务重述金额对事务所变更的影响。如表 5－5 所示，MAG 在第（1）列的系数显著为负，并在 5% 的水平上显著（t value = －2.3821），表明经历过调低盈余的财务重述且重述金额重大的公司更可能发生事务所变更，以恢复声誉或寻找“听话”的事务所。然而 MAG 在第（2）列尽管为正，却不显著，表明对于经历调增盈余财务重述的公司来说，重述金额对于公司做出更换事务所的决定不会有重要影响。这个结论不同于 Thompson 和 McCoy（2008）的结果。原因可能在于他们未对调低盈余和调高盈余的财务重述做出进一步区分。

表 5－5　　重述金额对事务所变更影响的 Logit 回归结果

CHANGE	预期符号	DIRE = 1	DIRE = 0
MAG	N/A	－3.4556**	2.4713
		(－2.3821)	(0.6804)

续表

CHANGE	预期符号	DIRE = 1	DIRE = 0
ROE	?	0.1771 (1.1976)	-1.0341* (-1.6751)
AO	-	-1.0779*** (-3.9650)	-0.6673 (-1.3293)
BIG4	?	0.9671* (1.8209)	0.7397 (0.8784)
GROW	?	-0.0882 (-1.5598)	0.0004 (0.2527)
LEV	?	-0.7141*** (-2.9016)	-0.4426 (-1.5320)
ST	+	0.6553** (2.0967)	1.6581*** (3.4205)
LNA	?	0.2985*** (2.6076)	0.0650 (0.3744)
∑YEAR		Controlled	controlled
∑INDU		controlled	controlled
INTERCEPT		-7.4841*** (-2.9777)	-2.8841 (-0.7212)
N		700	329
LR chi^2		80.73	54.43
Pseudo R^2		0.1062	0.1637

注：***，**，*分别表示显著性水平在1%，5%以及10%的水平上显著（双尾检验）；括号内为t值。

第四，2006年的企业会计准则以及审计准则可能会迫使公司董事会在财务重述的情形下更换会计师事务所。笔者将样本划分为 2007 年以前与 2007 年以后[①]，分别进行了回归。结果表明无论样本所在期间为 2003～2006 年，还是 2007～2010 年，财务重述后事务所变更的频率基本一致。

第五，相对于大所，小规模事务所更可能被解聘（Hennes，Leone 和 Miller，2011）。因此，本章针对表 5－3 中的第（1a）列按照事务所规模（是否“四大”）重新进行了回归[②]。结果表明，无论是由“四大”审计的公司还是非“四大”审计的公司，财务重述均可能导致事务所变更。此外，国有企业在治理效率方面可能不同于非国有企业。这是由于稳定、社会福利是国有企业首要考虑的，而不是利润最大化（Chen 等，2011）。因此本章又针对表 5－3 中的第（1a）列将样本区分为是否为国企，分组进行了回归。笔者发现事务所变更与二次重述之间显著的正向关系仅存在于非国企组中。尽管 CHANGE 变量在国企组中为正，但不显著。这表明当财务重述客户为国有企业时，不太会在意寻找“听话”事务所或恢复声誉，这是由于监管部门一定程度上会对国企的违规行为进行保护。

第六，对连续变量在 1% 的水平上进行了 winsor 处理。基于此，本章又一次进行了回归，结果未发生变化。

5.5 结论

本章通过检验财务重述发生后一年会计师事务所变更的情况以及事务所变更是否受重述特征的影响扩展了现有文献的研究内

① 2007 年是会计准则（2006）开始执行的第一年。

② 由于篇幅原因，未列示回归结果。

容。本章发现财务重述后的下一年，重述公司发生会计师事务所变更的概率高于非重述公司。这表明上市公司在财务重述后可能试图恢复声誉或者寻找更为“听话”的事务所。通过对财务重述特征的研究，本章发现被重述的年度数、重述报告中涵盖的会计差错数与事务所变更的频率正相关。本章还发现，尽管财务重述方向（调增盈余或调减盈余）与金额不会显著地影响事务所变更，然而在调低盈余的财务重述中，重述金额会显著地负向影响事务所变更的频率。这表明，对于调低盈余的财务重述公司来说，其在决定是否更换事务所时会对重述金额给予更多地考虑。此外，本章发现财务重述后，经历事务所变更的公司在继任事务所审计的任期内比未更换事务所的公司更可能发生二次财务重述。这个结果从二次重述的角度表明继任事务所对于曾经发生财务重述的新客户缺乏一定的独立性，在其审计任期期间对于客户发生的会计差错难以在第一时间发现或纠正。

本章的结论表明，在财务重述的情形下，事务所想要通过更换会计师事务所的方式寻找“听话”的事务所是可行的。继任事务所会对经历过财务重述的新客户提供较为纵容的审计处理方式，在第一时间未能发现或要求客户对会计差错进行调整，最终在随后期间导致财务重述。本章的结论为上市公司、会计师事务所以及审计监管部门提供了相应的政策建议。

第6章 结果讨论

本研究基于财务重述的两阶段：会计错报的发生与更正，在分析审计客户关系、财务重述与会计师事务所变更之间内在逻辑关系的基础上，构建了反映三者之间关系的概念模型，并分别从审计客户关系与会计错报之间的联系（假设 $H_{2-1} \sim H_{2-2}$）、审计费用、会计师事务所声誉对会计错报的影响研究（假设 $H_{3-1} \sim H_{3-2}$）、财务重述对会计师事务所变更的影响（假设 $H_{4-1} \sim H_{4-2}$）以及会计师事务所变更后财务重述审计质量变化（假设 $H_{5-1} \sim H_{5-3}$）方面检验了审计客户关系、财务重述与会计师事务所变更的研究。如表 6－1 所示，本书提出的 13 项研究假设中有 10 项得到了充分验证，还有 3 项研究假设未得到验证。检验结果基本支持了本书提出的概念模型和理论框架。本部分将根据检验结果，结合理论分析研究假设通过与否的原因，讨论其所反映的理论意义和现实意义。

表 6-1　　研究假设检验结果汇总表

编号	研究假设	结果
H_{2-1}	错报公司的审计费用显著高于非错报公司的审计费用	通过
H_{2-2}	审计费用与错报之间的正向关系会受到审计任期的负向调节	通过
H_{3-1}	错报发生的概率与审计费用负相关	通过
H_{3-2}	审计费用对会计错报的负向影响作用在审计师声誉较低时会被弱化	通过
H_{4-1}	同舞弊相关的财务重述比同差错相关的财务重述更可能使得客户将事务所更换为声誉较好的事务所	通过
H_{4-2}	同差错相关的财务重述比同舞弊相关的财务重述更可能使得客户将事务所更换为更为听话的事务所	通过
H_{5-1}	财务重述公司在重述后发生事务所变更的频率高于非重述公司发生的事务所变更的频率	通过
H_{5-2a}	调低盈余的财务重述公司比调高盈余的财务重述公司更可能发生事务所变更	未通过
H_{5-2b}	事务所变更与财务重述的金额负相关	未通过
H_{5-2c}	核心账户重述的公司相对非核心账户重述的公司更可能导致事务所变更	未通过
H_{5-2d}	事务所变更频率与财务报表被重述的年度数正相关	通过
H_{5-2e}	事务所变更频率与财务重述涵盖的差错数正相关	通过
H_{5-3}	财务重述公司在变更事务所后，其在继任事务所的任期内更加可能发生针对继任事务所审计的财务报表的二次重述	通过

6.1　审计费用、审计任期与会计错报的关系

本章基于中国上市公司财务报表发生错报的样本，检验了错

报与审计费用之间的关系。本章发现错报公司的审计费用要显著高于非错报公司的审计费用，这表明会计师事务所可能会弥补因错报而招致的工作努力程度以及风险溢价。此外，本章还发现审计费用与会计错报之间的正向关系会受到审计任期的负向调节。这意味着会计师事务所的费用依赖性在其被雇佣的初期较为明显，而随着审计任期的增加，这种依赖性逐渐降低。本章的结论表明，事务所的审计费用依赖性在中国这样弱投资者保护环境中较强，而审计任期在一定程度上能够缓解这种依赖性。

本章提出的假设 H_{2-1} ~ H_{2-2} 描述了审计客户关系对会计错报的影响作用。从实证检验结果来看，错报公司的审计费用要显著高于非错报公司的审计费用（假设 H_{2-1}）、审计任期负向调节审计费用与错报之间呈正向关系（假设 H_{2-2}）。

假设 H_{2-1} ~ H_{2-2} 从审计定价、审计任期两方面关注审计客户关系，分析审计客户关系与会计错报之间的关系，实证检验结果表明：错报公司的审计费用显著高于非错报公司的审计费用；审计任期会负向调解审计费用与错报之间的正向关系。

假设 H_{2-1} 分析了会计错报对审计费用的影响作用。实证检验结果表明，错报公司的审计费用显著高于非错报公司的审计费用。假设 H_1 得到验证，说明当事务所发现客户财务报表中的错误或潜在风险后，会认为客户的风险较高、缺乏有效的内部控制，还可能存在潜在的代理问题，这又增加了事务所对控制风险的预期。结果，事务所不得不花费更多的审计时间将审计风险降至可接受水平，导致审计费用溢价。

假设 H_{2-2} 分析了审计任期对审计费用与会计错报之间关系的影响。实证检验结果表明，审计任期会负向调解审计费用与错报之间的正向关系。假设 H_{2-2} 得到验证，说明事务所对客户的费用依赖性取决于事务所与客户的关系长度。也就是说，随着审计任期的增长，事务所的费用依赖性降低。

6.2 审计费用、会计师事务所声誉对会计错报的影响研究

第三章为审计费用、会计师事务所声誉对会计错报的影响研究。本章检验了审计费用对会计错报的影响作用，并关注这种影响作用是否会受到会计师事务所声誉的调节。结果表明，当期审计费用负向影响当年财务报表发生会计错报的概率，与以往研究结论一致，审计费用与未来会计错报的负向关系不仅在强投资者保护环境下成立，在我国这样的弱投资者保护环境下依然成立。本章结论表明，较高的审计费用意味着审计师努力程度较高，即使是在法律诉讼基本不起作用的情况下。以前的文献认为会计师事务所具有声誉动机，因此本章使用会计师事务所违规以及会计师事务所排名作为其声誉的替代变量，发现审计费用与会计错报之间的负向关系会随着会计师事务所声誉的下降而减弱。本章的结果表明，会计师事务所声誉能够负向调节审计费用与会计错报之间的关系，这种关系对于缺乏法律诉讼的环境尤为重要。

本章提出的假设 H_{3-1} ~ H_{3-2} 描述了审计费用、会计师事务所声誉对会计错报的影响作用。从实证检验结果来看，审计费用负向影响会计错报（假设 H_{3-1}）、会计师事务所声誉负向调节审计费用与会计错报之间的负向关系（假设 H_{3-2}）。

假设 H_{3-1} ~ H_{3-2} 从审计费用、会计师事务所声誉两方面关注会计错报的影响因素，分析了审计费用、会计师事务所声誉对会计错报的影响作用，实证检验结果表明：错报发生的概率与审计费用负相关；审计费用对会计错报的负向影响作用在审计师声

誉较低时会被弱化。

假设 H_{3-1}分析了审计费用对会计错报的影响作用。实证检验结果表明，审计费用显著负向影响会计错报发生的概率。假设 H_{3-1}得到验证，说明审计费用能够反映审计师的努力程度。因此，得到较高审计费用的审计师比收费较少的审计师更可能发现客户报表中的会计错报，否则他们会失去尊严或者丢面子，因为在这种情况下他们会被贴上高薪低能的标签。

假设 H_{3-2}分析了会计师事务所声誉对审计费用与会计错报之间关系的影响。实证检验结果表明，审计费用对会计错报的负向影响作用在审计师声誉较低时会被弱化。假设 H_{3-2}得到验证，说明会计师事务所声誉会弱化会计错报与审计费用之间的负向关系，即审计费用衡量的审计努力会在会计师事务所声誉较低时会被弱化。

6.3　财务重述对会计师事务所解聘的影响研究

第四章为财务重述对会计师事务所解聘的影响研究。本章通过检验财务重述后客户解聘会计师事务所的情况以及事务所变化方向是否受到财务重述的影响，扩展了以往相关文献的研究内容。本章发现在财务重述后的一年内，事务所被解聘的频率在财务重述公司中要高于未发生财务重述的公司。此外，本章检验了财务重述对事务所变更方向的影响。尽管未发现财务重述与事务所变更方向之间存在显著关系，但发现重述公司更可能在发生与舞弊相关的财务重述后将事务所变更为更具有声誉的事务所，而与差错相关的财务重述更可能使得公司将事务所变更为“听话”

的事务所。本章的结论表明，差错类重述公司在财务重述后解聘事务所以试图寻找“听话”的事务所，而舞弊类重述公司在财务重述后解聘事务所旨在恢复受损的声誉。

本章提出的假设 H_{4-1} ~ H_{4-2}描述了不同财务重述类型对会计师事务所变更方向的影响。从实证检验结果来看，与舞弊相关的财务重述比与差错相关的财务重述更可能使得客户将事务所更换为声誉较好的事务所（假设 H_{4-1}）、与差错相关的财务重述比与舞弊相关的财务重述更可能使得客户将事务所更换为更为“听话”的事务所（假设 H_{4-2}）。

假设 H_{4-1} ~ H_{4-2}从财务重述两种类型分析了财务重述后公司解聘会计师事务所的具体原因，实证检验结果表明：与舞弊相关的财务重述比与差错相关的财务重述更可能使得客户将事务所更换为声誉较好的事务所；与差错相关的财务重述比与舞弊相关的财务重述更可能使得客户将事务所更换为更为“听话”的事务所。

假设 H_{4-1}分析了财务重述后，公司寻找具有声誉的事务所以恢复公司声誉和财务报告的可靠性（Mande 和 Son，2012）。实证检验结果表明，与舞弊相关的财务重述比与差错相关的财务重述更可能使得客户将事务所更换为声誉较好的事务所。假设 H_{4-1}得到验证，说明经历与舞弊相关的财务重述公司更倾向将现任事务所更换为名气较大的大所，证实了恢复声誉观对舞弊类重述公司是适用的。

假设 H_{4-2}分析了财务重述后，公司很可能不愿意继续保持现有的事务所，而是试图寻找听话的事务所以实现其营利目标的可能性（Wang、Wong 和 Xia，2008）。实证检验结果表明，与差错相关的财务重述比与舞弊相关的财务重述更可能使得客户将事务所更换为更为听话的事务所。假设 H_{4-2}得到验证，说明经历与差错相关的财务重述公司更倾向将现任事务所更换为名气一般的小所，证实了寻找“听话”事务所的观点则适用于差错类重述公司。

6.4　会计师事务所变更后审计质量的变化研究

第五章为会计师事务所变更后审计质量的变化研究。本章通过检验财务重述后会计师事务所的变化情况以及这种变化是否受到财务重述特征的影响，扩展了以往相关文献的研究内容。本章在单变量和多变量的分析中均发现财务重述公司其会计师事务所变更频率要显著高于非重述公司中事务所的变更频率，这表明公司在发生财务重述后会试图恢复声誉。同时，本章发现被重述的年度数、重述公告中涵盖的会计差错数与会计师事务所变更的频率正相关。尽管本章未发现重述方向与金额会显著地影响事务所变更，然而在调低盈余的财务重述公司中，重述程度与事务所变更的频率显著负相关。这表明调低盈余的财务重述公司在做出变更事务所的决定时，更加会关注财务重述的金额。本章还发现财务重述后经历事务所变更的公司，在继任事务所任期期间，更可能发生针对继任事务所审计的财务报表的财务重述。这表明财务重述公司通过更换事务所后，审计质量依然较低，难以真正实现恢复声誉的目的。

本章提出的假设 H_{5-1} ~ H_{5-3} 描述了财务重述及其特征对会计师事务所变更的影响，以及发生过财务重述的公司在变更会计师事务所后的审计质量变化情况。从实证检验结果来看，财务重述公司在重述后发生事务所变更的频率高于非重述公司发生的事务所变更的频率（假设 H_{5-1}）、调低盈余的财务重述公司比调高盈余的财务重述公司更可能发生事务所变更（假设 H_{5-2a}）、事务所变更与财务重述的金额负相关（假设 H_{5-2b}）、核心账户重述的公司相对非核心账户重述的公司更可能导致事务所变更（假设 H_{5-2c}）、事务所变更频率与财务报表被重述的年度数正相关（假设 H_{5-2d}）、事务所变更频率与财务重述涵盖的差错数正相关（假设 H_{5-2e}）、财务重述公司在变更事务所后，其在继任事务所的任期内更加可能发生针对继任事务所审计的财务报表的二次重述（假设 H_{5-3}）。

假设 H_{5-1} ~ H_{5-3}从财务重述及其特征对会计师事务所变更的影响以及财务重述公司在会计师事务所变更后审计质量的变化两方面，分析了财务重述与会计师事务所变更的互动情况，实证检验结果表明：财务重述公司在重述后发生事务所变更的频率高于非重述公司发生的事务所变更的频率；调低盈余的财务重述公司比调高盈余的财务重述公司更可能发生事务所变更；事务所变更与财务重述的金额负相关；核心账户重述的公司相对非核心账户重述的公司更可能导致事务所变更；事务所变更频率与财务报表被重述的年度数正相关；事务所变更频率与财务重述涵盖的差错数正相关；财务重述公司在变更事务所后，其在继任事务所的任期内更加可能发生针对继任事务所审计的财务报表的二次重述。

假设 H_{5-1}从寻找“听话”的会计师事务所抑或恢复公司声誉两方面分析，检验公司在发生财务重述后是否不大情愿保留现任事务所。实证检验结果表明，财务重述公司在重述后发生事务所变更的频率高于非重述公司发生的事务所变更的频率。假设 H_{5-1}得到验证充分说明，经历了财务重述的公司有着恢复声誉或者寻找“听话”会计师事务所的意图，因而更倾向变更会计师事务所。

假设H_{5-2a}分析了调低盈余的财务重述与调高盈余的财务重述对会计师事务所变更的影响差异。实证检验结果表明，调低盈余的财务重述公司比调高盈余的财务重述公司不会更可能发生事务所变更。假设H_{5-2a}未得到验证说明，财务重述方向单方面不会显著影响会计师事务所变更。

假设H_{5-2b}分析了财务重述金额对会计师事务所变更的影响。实证检验结果表明，事务所变更与财务重述的金额没有明显的负相关。假设H_{5-2b}未得到验证说明：财务重述金额单方面不会显著影响会计师事务所变更。

假设H_{5-2c}分析了财务重述账户对会计师事务所变更的影响。实证检验结果表明，核心账户重述的公司相对非核心账户重述的公司并不可能导致事务所变更。假设H_{5-2c}未得到验证说明：这可能与财务重述披露的格式有关。中国上市公司常常将以前多年的多项会计差错汇总在一份财务重述报告中，有的错报与核心账户有关，而有的错报则与核心账户无关。公司仅通过这些账户的披露信息难以做出更换事务所的决定。

假设H_{5-2d}分析了财务报表被重述的年度数对会计师事务所变更的影响。实证检验结果表明，事务所变更频率与财务报表被重述的年度数正相关。假设H_{5-2d}得到验证：说明当财务重述与以前年度多期财务报表有关时，其影响可能是广泛和重大的。因为被重述的年度数越多，投资者和债权人损失的也越多。因此，当财务重述表明以前多期报表存在错报时，公司有较强的动机更换事务所以恢复声誉。

假设H_{5-2e}分析了财务重述涵盖的差错数对会计师事务所变更的影响。实证检验结果表明，事务所变更频率与财务重述涵盖的差错数正相关。假设H_{5-2e}得到验证：说明在中国，一份财务重述公告可能涵盖了多项会计差错，意味着其复杂性和严重性，而资本市场与投资者对这种财务重述具有较为负面的反应。

假设 H_{5-3}关注经历过财务重述又变更会计师事务所的公司在继任事务所审计师发生二次财务重述的情况。实证检验结果表明，财务重述公司在变更事务所后，其在继任事务所的任期内更加可能发生针对继任事务所审计的财务报表的二次重述。假设 H_{5-3}得到验证充分说明，财务重述公司在经历会计师事务所变更后，生成的财务报告质量依然较低，财务报表中涵盖会计差错。而继任事务所为了在审计初期挽留客户可能也会默许会计处理，最终的结果是几年后的二次重述。

6.5 研究结果的意义

(1) 为提升外部审计质量，规范上市公司与审计客户之间的关系提供理论支持。本书的研究结果表明：错报公司的审计费用要显著高于非错报公司的审计费用、审计任期负向调节审计费用与错报之间的正向关系；审计费用负向影响会计错报，会计师事务所声誉也会对二者关系有所调节。因此，要抑制会计错报的发生，从整体上提升外部审计的质量，要规范审计定价，一方面审计收费不能太低，否则有损审计工作量，也不能太高，太高的话意味着风险溢价；另一方面，会计师事务所的审计费用依赖性在其被雇佣的初期较为明显，而随着审计任期的增加，这种依赖性逐渐降低。对会计师事务所来说，也要提高自身声誉，努力提升自身排名，减少违规行为的发生。本章的结论表明事务所的审计费用依赖性在中国这样弱投资者保护环境中较强，而审计任期、会计师事务所声誉能够约束事务所的费用依赖性。

（2）为证券监管部门完善各项政策规定，以及制定同会计差错、财务重述方面的监管政策提供决策依据。财务重述行为会对资本市场以及广大投资者带来重大的负面影响，仅仅从公司层面去防范财务重述是远远不够的，应当重视监管部门的作用。本书的研究结果表明：重述公司更可能在发生与舞弊相关的财务重述后将事务所变更为更具有声誉的事务所，而与差错相关的财务重述更可能使得公司将事务所变更为“听话”的事务所。因此，监管部门应当完善与会计差错有关的上市公司信息披露制度，认真核查会计差错究竟是蓄意的舞弊还是疏忽造成；明确会计师事务所在承接新客户业务时是否明确客户更换事务所的原因，尤其要注意发生了财务重述的公司，做到前后任会计师事务所的沟通，从而更好地发挥外部审计对财务报告质量的监督作用。

（3）为提供上市公司财务报告质量提供建议。经历过财务重述的公司会更换会计师事务所，寄希望于寻找到“听话”的事务所或恢复声誉。但实证结果表明，财务重述公司在变更事务所后，其在继任事务所的任期内更加可能发生针对继任事务所审计的财务报表的二次重述。这充分说明，财务重述公司在经历事务所变更后，生成的财务报告质量依然较低，财务报表中涵盖会计差错。而继任事务所为了在审计初期挽留客户可能也会默许会计处理，最终的结果是几年后的二次重述。因此，公司试图寻找“听话”会计师事务所的做法不一定能帮助其找到需要的事务所，也不一定能提升财务报告质量，仅仅通过更换会计师事务所的做法不能被当作应对会计错报的有效工具。

第7章 结论和展望

通过前文的详细论述，本书结合财务重述的会计差错发生期与会计差错更正期，关注审计客户关系与会计错报之间的联系，以及审计费用、会计师事务所声誉对会计错报的影响。本书在对这些问题进行深入系统的研究和回答之后，又关注财务重述后对会计师事务所解聘的影响。本章将对上述的研究工作做出总结，归纳并阐明本研究的主要结论和创新点，在此基础上对本书研究的局限性和未来研究方向进行说明。

7.1 主要研究结论

上市公司的财务报表重述案件日益增多，对广大投资者带来了极大的不利影响，进而降低了公司及其管理层的诚信度，损害了资本市场上资源配置的效率。作为降低代理成本工具的外部审计，理应在合理确保上市公司提供的会计信息质量方面发挥重要作用。在以往学者的研究基础上，本研究立足于中国的特殊背景，本研究基于财务重述的两个阶段：会计错报的发生与更正，在分析审计客户关系、财务重述与会计师事务所变更之间内在逻辑关系的基础上，构建了反映三者之间关系的概念模型，并分别从审计客户关系与财务重述之间的联系，审计费用、会计师事务所声誉对会计错报的影响研究，财务重述对会计师事务所变更的影响，以及会计师事务所变更后财务重述审计质量变化方面检验了审计客户关系、财务重述与会计师事务所变更的研究。本研究提供了一个有关会计师事务所、会计错报以及财务重述之间关系的理论和实证研究，丰富和扩展了有关外部审计和财务重述领域的理论成果，与此同时，对促进上市公司会计信息质量的监管、提升外部审计质量、完善上市公司信息披露制度以及改善相关法规政策方面具有一定的现实指导意义。

结合研究目的，本书首先对审计费用、审计任期与财务重述、会计错报关系等方面的相关文献进行了系统回顾和梳理，在此基础上进行了文献述评并总结了有关的研究启示。其次，通过对相关理论的归纳与分析，构建了审计客户关系与会计错报关系的概念模型，并以我国上市公司为研究对象，运用多种统计方法进行实证检验。本书关注会计错报的影响因素，探讨和分析了审计费用会计错报的影响，并分析了这种影响在不同会计师事务所声誉下的差异。通过对相关理论的归纳和分析，构建了审计费用、会计师事务所声誉对会计错报影响的概念模型，并提出了相应的研究假设。最后，以我国上市公司为研究对象，运用描述性统计分析、均值差异 t 检验、相关性分析、Logit 回归分析以及 Multinominal Logit 回归分析等多种统计方法对提出的究假设进行了实证检验。

本书还关注财务重述后客户解聘会计师事务所的情况以及事务所变化方向是否受到财务重述的影响，扩展了以往相关文献的研究内容。通过对相关理论的归纳和分析，构建了财务重述对会计师事务所变化影响的概念模型，并提出了相应的假设；以我国上市公司为研究对象，运用描述性统计分析、均值差异 t 检验、相关性分析、Logit 回归分析等多种统计方法对提出的究假设进行了实证检验。

本书还关注会计师事务所变更后审计质量的变化研究。本章通过检验财务重述后会计师事务所的变化情况以及这种变化是否受到财务重述特征的影响，扩展了以往相关文献的研究内容。通过理论分析提出财务重述公司变更会计师事务所的目的，并通过实证分析予以验证财务重述公司变更会计师事务所是否能真正实现其预期目的。

现将本书的主要结论归纳如下：

（1）错报公司的审计费用要显著高于非错报公司的审计费用，这表明会计师事务所可能会弥补因错报而招致的工作努力程度以及风险溢价。此外，还发现审计费用与会计错报之间的正向关系会受到审计任期的负向调节。这意味着会计师事务所的费用依赖性在其被雇佣的初期较为明显，而随着审计任期的增加，这种依赖性逐渐降低。结论表明事务所的审计费用依赖性在中国这样弱投资者保护环境中较强，而审计任期在一定程度上能够缓解这种依赖性。

（2）当期审计费用负向影响当年财务报表发生会计错报的概率，与以往研究结论一致，表明审计费用与未来会计错报的负向关系不仅在强投资者保护环境下成立，在我国这样的弱投资者保护环境下依然成立。结论表明较高的审计费用意味着审计师努力程度较高，即使是在法律诉讼基本不起作用的情况下。研究还发现会计师事务所声誉能够负向调节审计费用与会计错报之间的关系，这种关系对于缺乏法律诉讼的环境尤为重要。

（3）研究发现在财务重述后的一年内，事务所被解聘的频率在财务重述公司中要高于未发生财务重述的公司。此外，尽管未发现财务重述与事务所变更方向之间存在显著关系，但发现重述公司更可能在发生同舞弊相关的财务重述后将事务所变更为更具有声誉的事务所，而同差错相关的财务重述更可能使得公司将事务所变更为更加顺从的事务所。研究结论表明差错类重述公司在财务重述后解聘事务所以试图寻找顺从的事务所，而舞弊类重述公司在财务重述后解聘事务所旨在恢复受损的声誉。

（4）研究发现财务重述公司其会计师事务所变更频率要显著高于非重述公司中事务所的变更频率，这表明公司在发生财务重述后会试图恢复声誉。同时，发现被重述的年度数、重述公告中涵盖的会计差错数与会计师事务所变更的频率正相关。尽管未发现重述方向与金额会显著地影响事务所变更，然而在调低盈余的财务重述公司中，重述程度与事务所变更的频率显著负相关。这表明调低盈余的财务重述公司在做出变更事务所的决定时，更加会关注财务重述的金额。同时，研究还发现财务重述后经历事务所变更的公司，在继任事务所任期期间，更可能发生针对继任事务所审计的财务报表的财务重述。这表明财务重述公司通过更换事务所后，审计质量依然较低，难以真正实现恢复声誉的目的。

总体来看，本书提出的 13 项研究假设中有 10 项得到了充分的验证，说明检验结果基本支持了本书提出的概念模型和理论框架。本书不仅为已有研究的相关理论和观点提供了经验证据，而且提出了一些新的观点和见解。因此，本研究不仅对现有的有关外部审计和财务重述研究具有扩展和深化的作用，而且研究结论对提升上市公司整体的信息质量、保护投资者利益以及提升注册会计师行业的发展具有一定的指导意义。

7.2 政策建议

(1) 为提升外部审计质量，规范上市公司与审计客户之间的关系提供理论支持。要抑制会计错报的发生，从整体上提升外部审计的质量，要规范审计定价，另外，会计师事务所的审计费用依赖性在其被雇佣的初期较为明显，而随着审计任期的增加，这种依赖性逐渐降低。对会计师事务所来说，也要提高自身声誉，努力提升自身排名，减少违规行为的发生。

(2) 为证券监管部门完善各项政策规定，以及制定同会计差错、财务重述方面的监管政策提供决策依据。财务重述行为会对资本市场以及广大投资者带来重大的负面影响，仅仅从公司层面去防范财务重述是远远不够的，应当重视监管部门的作用。监管部门应当完善与会计差错有关的上市公司信息披露制度，认真核查会计差错究竟是蓄意的舞弊还是疏忽造成；明确会计师事务所在承接新客户业务时是否明确客户更换事务所的原因，尤其要注意发生了财务重述的公司，做到前后任会计师事务所的沟通，尤其是审计工作底稿的内容，从而更好地发挥外部审计对财务报告质量的监督作用。

(3) 为提供上市公司财务报告质量提供建议。经历过财务重述的公司会更换会计师事务所，寄希望寻找到“听话”的事务所或恢复声誉。然而本书的实证结果表明财务重述公司在经历事务所变更后，生成的财务报告质量依然较低，财务报表中涵盖会计错报。而继任事务所为了在审计初期挽留客户可能也会默许会计处理，最终的结果是几年后的二次重述。因此，公司试图寻找“听话”会计师事务所的做法不一定能帮助其找到需要的事务所，也不一定能提升财务报告质量。仅仅通过更换会计师事务所的做法不能被看作是应对会计错报的有效工具。

7.3　主要创新点

与以往研究文献相比，本书的主要创新之处可以归纳为以下几方面：

第一，关注公司的二次财务重述行为。本书发现，目前为止只有 Files、Sharp 和 Thompson（2014）检验了二次重述公司的特征，不过他们未检验二次重述与事务所变更之间的关系。本书则通过二次财务重述行为检验财务重述公司能否通过变更会计师事务所实现自己预期的目标，补充了有关财务重述、会计师事务所变更的研究内容。

第二，本书发现重述公司更可能在发生与舞弊相关的财务重述后将会计师事务所变更为更具有声誉的事务所，而与差错相关的财务重述更可能使得公司将事务所变更为更加顺从的事务所。研究结论表明差错类重述公司在财务重述后解聘事务所以试图寻找顺从的事务所，而舞弊类重述公司在财务重述后解聘事务所旨在恢复受损的声誉。这一发现补充了以往有关会计师事务所变更的研究内容。

7.4　局限性和研究展望

尽管本研究达到了预期研究目标，并且获得了一些重要的研究成果，但是受到一些主客观因素的限制和影响，本研究仍存在一定的局限性。总结和分析这些局限性有利于今后进一步深入探讨财务重述、会计错报领域的相关问题。

第一，本研究是以我国 A 股市场的上市公司为研究对象，揭示外部审计、会计错报、财务重述的关系问题，并得出了相关研究结论。通常而言，上市公司的财务重述方向不同于非上市公司的财务重述方向，上市公司通常具有保盈动机，更倾向于调增盈余，而非上市公司出于避税动机则倾向于调减盈余。因此本书的研究结论可能不适用于非上市公司。

第二，尽管可以明确得知与舞弊相关的财务重述基本是由监管部门，如证监会、审计署以及财政等部门发起。而与舞弊无关的财务重述，其发起人很难断定。上市公司在发布重述公告时，绝大多数会声明董事会发现或公司通过自查发现前期财务报表存在会计差错，但这种主动的财务重述行为也很可能是在外部审计或监管部门的压力下进行的。上市公司进行主动财务重述和被动财务重述的动机应当不同，此类问题有待进一步研究。

尽管存在以上研究局限，本书也为未来研究发展提供了新的契机和方向。今后可以从以下方面进行深入研究：收集和整理审计师个人层面的资料，尽可能结合问卷和实地访谈的方法，去了解签字注册会计师对待财务重述、会计差错的态度，是否会区分舞弊导致的会计错报与差错导致的会计错报。

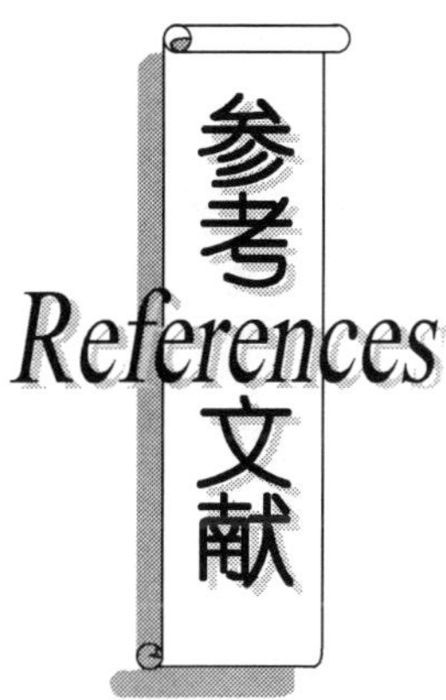

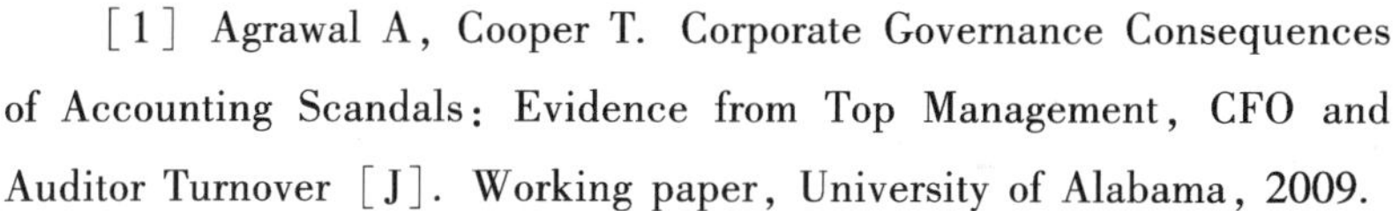

[1] Agrawal A, Cooper T. Corporate Governance Consequences of Accounting Scandals: Evidence from Top Management, CFO and Auditor Turnover [J]. Working paper, University of Alabama, 2009.

[2] Ai, C. , and Norton E. C. Interaction Terms in Logit and Probit Models [J] . Economics letters, 2003 (1): 123 – 129.

[3] Anderson KL, Yohn TL. The Effect of 10K Restatements on Firm Value, Information Asymmetries, and Investors' Reliance on Earnings [J] . Working paper, Georgetown University, 2002.

[4] Anderson, D. M. Taking Stock in China: Company Disclosure and Information in China' s Stock Markets [J] . Georgetown Law Journal, 2000: 1919 – 1952.

[5] Antle R, Gordon E, Narayanamoorthy G, et al. The Joint Determination of Audit Fees, Non – Audit Fees, and Abnormal Accruals [J] . Review of Quantitative Finance and Accounting,

2006 (3): 235 -266.

[6] Bandyopadhyay, S. P. , Chen, C. , and Yu, Y. Mandatory Audit Partner Rotation, Audit Market Concentration, and Audit Quality: Evidence from China [J] . Advances in Accounting, 2014 (1), 18 -31.

[7] Beasley MS. An Empirical Analysis of the Relation between the Board of Director Composition and Financial Statement Fraud [J]. The Accounting Review, 1996 (4): 443 -465.

[8] Blankley AI, Hurtt DN. and MacGregor JE. Abnormal audit fees and restatements [J] . Auditing: A Journal of Practice & Theory, 2012 (1): 79 -96.

[9] Blay, A. D. , and Geiger, M. A. Auditor Fees and Auditor Independence: Evidence from Going Concern Reporting Decisions [J] . Contemporary Accounting Research, 2013 (2): 579 -606.

[10] Bradshaw M. T. , S. A. Richardson, and R. G. Sloan. Do Analysts and Auditors Use Information in Accruals? [J] . Journal of Accounting Research, 2001 (1): 45 -74.

[11] Callen J, Livnat J, Segal D. Accounting Restatements: Are They Always Bad News for Investors [J] . Journal of Investing, 2008 (3): 57 -68.

[12] Carcello JV, Nagy AL. Audit Firm Tenure and Fraudulent Financial Reporting. [J] . Auditing: A Journal of Practice and Theory, 2004 (2): 55 -69.

[13] Chan KH, Lin KZ. A Political - economic Analysis of Auditor Reporting and Auditor Switches [J] . Review of Accounting Studies, 2006 (1): 21 -48.

[14] Chen H. , J. Z. Chen, G. J. Lobo, and Y. Wang.

Effects of Audit Quality on Earnings Management and Cost of Equity Capital: Evidence from China. [J]. Contemporary Accounting Research, 2011 (3): 892-925.

[15] Choi JH, Kim JB, Zang Y. Do Abnormally High Audit Fees Impair Audit Quality? [J]. Auditing: A Journal of Practice and Theory, 2010 (2): 115-140.

[16] Chow CW, Rice SJ. Qualified Audit Opinions and Auditor Switching [J]. The Accounting Review, 1982 (2): 326-335.

[17] Choy H, Gul FA. Restatements and Auditors' Reputational Costs [J]. Working paper, Drexel University, 2008.

[18] Craswell A, Stokes DJ, Laughton J. Auditor independence and Fee Dependence [J]. Journal of Accounting and Economics, 2002 (2): 253-275.

[19] DeAngelo LE. Auditor Size and Audit Quality [J]. Journal of Accounting and Economics, 1981 (3): 183-199.

[20] Dechow PM, Ge W, Larson CR, and Sloan RG. Predicting Material Accounting Misstatements. [J]. Contemporary Accounting Research, 2011 (1): 1-16.

[21] DeFond ML, Raghunandan K, Subramanyam K. Do Non-Audit Service Fees Impair Auditor Independence? Evidence from Going Concern Audit Opinions [J]. Journal of Accounting Research, 2002 (4): 1247-1274.

[22] DeFond ML, Subramanyam KR. Auditor Changes and Discretionary Accruals [J]. Journal of Accounting and Economics, 1998 (1): 35-67.

[23] DeFond ML, Wong TJ, Li S. The Impact of Improved Auditor Independence on Audit Market Concentration in China [J].

Journal of Accounting and Economics, 2000 (3): 269 -305.

[24] Ettredge M, Heintz J, Li C, et al. Auditor Realignments Accompanying Implementation of SOX 404 ICFR Reporting Requirements [J]. Accounting Horizons, 2011 (1): 17 -39.

[25] Ettredge M, Li C, Scholz S. Audit Fees and Auditor Dismissals in the Sarbanes - Oxley Era [J]. Accounting Horizons, 2007 (21): 371 -386.

[26] Farber DB. Restoring Trust after Fraud: Does Corporate Governance Matter? [J]. The Accounting Review, 2005 (2): 539 -561.

[27] Files R, Swanson EP, Tse SY. Stealth Disclosure of Accounting Restatements [J]. The Accounting Review, 2009 (5): 1495 -1520.

[28] Files RL, Sharp N, Thompson AM. Empirical Evidence on Repeat Restatements [J]. Accounting Horizons, 2014 (1): 93 -123.

[29] Firth, M., Rui, O. M., and Wu, X. How Do Various Forms of Auditor Rotation Affect Audit Quality? Evidence from China [J]. The International Journal of Accounting, 2012 (1), 109 -138.

[30] Frankel RM, Johnson MF, Nelson KK. The Relation between Auditors' Fees for Nonaudit Services and Earnings Management [J]. The Accounting Review, 2002, 77 (Supplement: Quality of Earnings Conference): 71 -105.

[31] Geiger MA, Blay AD. Auditor Fees and Auditor Independence: Evidence from Going Concern Reporting Decisions [J]. Working paper, University of Richmond, 2011.

[32] Gul FA, Fung SYK, Jaggi B. Earnings Quality: Some Evidence on the Role of Auditor Tenure and Auditors' Industry Expertise [J]. Journal of Accounting and Economics, 2009 (3): 265 -287.

[33] Gunny K, Krishnan G, Zhang TC. Is Audit Quality Associated with Auditor Tenure, Industry Expertise, and Fees? Evidence from PCAOB Opinions [J]. Working paper, George Mason University, 2007.

[34] Hennes KM, Leone AJ, Miller BP. Accounting Restatements and Auditor Accountability [J]. Working paper, University of Oklahoma, 2011.

[35] Hennes, K. M., A. J. Leone, and B. P. Miller. Determinants and Market Consequences of Auditor Dismissals after Accounting Restatements [J]. The Accounting Review, 2014 (3): 1051 - 1082.

[36] Hillegeist, S. A. Financial Reporting and Auditing Under Alternative Damage Appointment Rules. The Accounting Review. 1999 (3): 347 - 369.

[37] Hoitash R, Markelevich A, Barragato CA. Auditor Fees and Audit Quality [J]. Managerial Auditing Journal, 2007 (8): 761 - 786.

[38] Hribar P, Kravet TD, Wilson RJ. A New Measure of Accounting Quality [J]. Working paper, the University of Iowa, 2010: 1 - 50.

[39] Hribar, P., Kravet, T., & Wilson, R. A new measure of accounting quality [J]. Review of Accounting Studies, 2014 (1): 506 - 538.

[40] Jenkins DS, Velury U. Does Auditor Tenure Influence the Reporting of Conservative Earnings? [J]. Journal of Accounting and Public Policy, 2008 (2): 115 - 132.

[41] Johnson E, Khurana IK, Reynolds JK. Audit - Firm

Tenure and the Quality of Financial Reports [J]. Contemporary Accounting Research, 2002 (4): 637 - 660.

[42] Johnson W. B., and T. Lys. The Market for Audit Services: Evidence from Voluntary Auditor Changes [J]. Journal of Accounting and Economics, 1990 (1): 281 - 308.

[43] Kinney WR, Palmrose Z - V, Scholz S. Auditor Independence, Non - Audit Services, and Restatements: Was the U. S. Government Right? [J]. Journal of Accounting Research, 2004 (3): 561 - 588.

[44] Kinney, W. R., and R. Libby. Discussion of the Relation between Auditors' Fees for Nonaudit Services and Earnings Management [J]. The Accounting Review, 2002 (7): 107 - 114.

[45] Krauss P, Pronobis P, Zülch H. Unexpected Audit Fees and Audit Quality: Do Audit Fee Premiums Trigger Earnings Management and Accounting Restatements? [J]. Working paper, Handelshochschule Leipzig, 2010.

[46] Kravet T, Shevlin T. Accounting Restatements and Information Risk [J]. Review of Accounting Studies, 2010 (15): 264 - 294.

[47] Krishnan G. Audit Quality and the Pricing of Discretionary Accruals [J]. Auditing: A Journal of Practice &Theory, 2003 (1): 109 - 26.

[48] Krishnan G. Does Big 6 Auditor Industry Expertise Constrain Earnings Management [J]. Accounting Horizons, 2003: 1 - 16.

[49] Krishnan J, Krishnan J, Stephens R. The Simultaneous Relation between Auditor Switching and Audit Opinion: An Empirical Analysis [J]. Accounting and Business Research, 1996 (3): 224 - 236.

[50] Krishnan J, Stephens RG. Evidence on Opinion Shopping from Audit Opinion Conservatism [J]. Journal of Accounting and Public Policy, 1995 (3): 179 -201.

[51] Krishnan J. Auditor Switching and Conservatism [J]. The Accounting Review, 1994 (1): 200 -215.

[52] Larcker DF, Richardson SA. Fees Paid to Audit Firms, Accrual Choices, and Corporate Governance [J]. Journal of Accounting Research, 2004 (3): 625 -658.

[53] Lazer R, Livnat J, E. L. Tan C. Restatements and Accruals after Auditor Changes [J]. Working paper, New York University, 2004.

[54] Lennox C. Do Companies Successfully Engage in Opinion - Shopping? Evidence from the UK [J]. Journal of Accounting and Economics, 2000 (3): 321 -337.

[55] Lev B, Ryan S, Wu M. Rewriting Earnings History [J]. Review of Accounting Studies, 2008 (4): 419 -451.

[56] Lim C - Y, Tan H - T. Does Auditor Tenure Improve Audit Quality? Moderating Effects of Industry Specialization and Fee Dependence [J]. Contemporary Accounting Research, 2010 (3): 923 -957.

[57] Lin, Z. J., and Liu, M. The Determinants of Auditor Switching from the Perspective of Corporate Governance in China [J]. Corporate Governance: An International Review, 2009 (4): 476 -491.

[58] Lin, Z. J., Liu, M., and Wang, Z. Market Implications of the Audit Quality and Auditor Switches: Evidence from China [J]. Journal of International Financial Management & Accounting,

2009 (1): 35 –78.

[59] Liu F, Su X. and Wei M. , 2010. The Insurance Effect of Auditing in a Regulated and Low Litigation Risk Market: An Empirical Analysis of Big 4 Clients in China [J] . Working paper, City University of Hong Kong.

[60] Liu, L. and Subramaniam, N. Government Ownership, Audit Firm Size and Audit Pricing: Evidence from China [J] . Journal of Accounting and Public Policy, 2013 (2): 161 –175.

[61] Lobo G. and Zhao Y. Relation between Audit Effort and Financial Report Misstatements: Evidence from Quarterly and Annual Restatements [J] . The Accounting Review, 2013 (4): 1385 –1412.

[62] Ma C, Zhang J and Yang B. Financial Restatement and Auditor Dismissal [J] . China Journal of Accounting Studies, 2015 (3): 209 –229.

[63] Mande V, Son M. Do Financial Restatements Lead to Auditor Changes? [J] . Auditing: A Journal of Practice & Theory, 2012 (2): 119 –145.

[64] Matsumura, E. M. , and Tucker R. Fraud detection: A theoretical foundation [J] . The Accounting Review. 1992 (4): 753 –782.

[65] Mitra S, Deis DR, Hossain M. The Association between Audit Fees and Reported Earnings Quality in Pre – and Post – Sarbanes – Oxley Regimes [J] . Review of Accounting and Finance, 2009 (3): 232 –252.

[66] Myers JN, Myers LA, Omer TC. Exploring the Term of the Auditor – Client Relationship and the Quality of Earnings: A Case for Mandatory Auditor Rotation? [J] . The Accounting Review,

2003 (3): 779 - 799.

[67] Myers JN, Myers LA, Palmrose Z - V, et al. Mandatory Auditor Rotation: Evidence from Restatements [J]. Working paper, University of Illinois at Urbana - Champaign, 2003.

[68] Niemi L. Do Firms Pay for Audit Risk? Evidence on Risk Premiums in Audit Fees after Direct Control for Audit Effort [J]. International Journal of Auditing, 2002 (1): 37 - 51.

[69] Palmrose Z - V, Richardson VJ, Scholz S. Determinants of Market Reactions to Restatement Announcements [J]. Journal of Accounting and Economics, 2004 (37): 59 - 89.

[70] Palmrose Z - V, Scholz S. The Circumstances and Legal Consequences of Non - GAAP Reporting: Evidence from Restatements. [J]. Contemporary Accounting Research, 2004 (1): 139 - 180.

[71] Pfarrer MD, Pollock TG. and Rindova VP. A Tale of Two Assets: the Effects of Firm Reputation and Celebrity on Earnings Surprises and Investors' Reactions [J]. Academy of Management Journal, 2010 (5): 1131 - 1152.

[72] Schelleman C, Knechel WR. Short - term Accruals and the Pricing and Production of Audit Services [J]. Auditing: A Journal of Practice & Theory, 2010 (1): 221 - 250.

[73] Sengupta P, Shen M. 2007. Can Accruals Quality Explain Auditors' Decision Making? The Impact of Accruals Quality on Audit Fees, Going Concern Opinions and Auditor Change. [J]. Working paper, George Mason University.

[74] Shibano, T. Assessing Audit Risk from Errors and Irregularities [J]. Journal of Accounting Research, 1990 (3): 110 - 140.

[75] Simunic DA. The Pricing of Audit Services: Theory and

Evidence [J] . Journal of Accounting Research, 1980, 18 (1): 161 - 190.

[76] Skinner, D. J. , and Srinivasan, S. Audit quality and auditor reputation: Evidence from Japan [J] . The Accounting Review, 2012 (5): 1737 - 1765.

[77] Srinivasan S. Consequences of Financial Reporting Failure for Outside Directors: Evidence from Accounting Restatements and Audit Committee Members [J] . Journal of Accounting Research, 2005 (2): 291 - 334.

[78] Stanley JD, DeZoort FT. Audit Firm Tenure and Financial Restatements: an Analysis of Industry Specialization and Fee Effects [J] . Journal of Accounting and Public Policy, 2007 (2): 131 - 159.

[79] Teoh, S. H. , and T. J. Wong. Perceived Auditor Quality and the Earnings Response Coefficient [J] . The Accounting Review, 1993 (2): 346 - 366.

[80] Thompson J, McCoy T. An Analysis of Restatements Due to Errors and Auditor Changes by Fortune 500 Companies [J] . Journal of Legal, Ethical and Regulatory Issues, 2008 (2): 45 - 57.

[81] Vanstraelen A. Going - concern Opinions, Auditor Switching, and the Self - fulfilling Prophecy Effect Examined in the Regulatory Context of Belgium [J] . Journal of Accounting Auditing and Finance, 2003 (2): 231 - 254.

[82] Wang Q. , T. J. Wong, and L. Xia. State Ownership, the Institutional Environment, and Auditor Choice: Evidence from China [J] . Journal of Accounting and Economics, 2008 (1): 112 - 134.

[83] Whisenant S, Sankaraguruswamy S, Raghunandan K. Ev-

idence on the Joint Determination of Audit and Non - Audit Fees [J]. Journal of Accounting Research, 2003 (4): 721 - 744.

[84] Willenborg, M. Empirical Analysis of the Economic Demand for Auditing in the Initial Public Offerings Market [J]. Journal of Accounting Research, 1999 (1), 225 - 238.

[85] Wilson WM. An Empirical Analysis of the Decline in the Information Content of Earnings Following Restatements [J]. The Accounting Review, 2008 (2): 519 - 548.

[86] Wu X. Corporate Governance and Audit Fees: Evidence from Companies Listed on the Shanghai Stock Exchange [J]. China Journal of Accounting Research, 2012 (4): 321 - 342.

[87] Zou H, Wong S, Shum C. and Yan J. Controlling - minority Shareholder Incentive Conflicts and Directors' and Officers' Liability Insurance: Evidence from China [J]. Journal of Banking & Finance, 2008 (12): 2636 - 2645.

[88] 陈武朝，张泓："盈余管理 审计师变更与审计师独立性"[J]，《会计研究》，2004 (8)：81 - 86。

[89] 李彬，张俊瑞："过度投资、盈余管理方式'合谋'与公司价值"[J]，《 经济科学》，2013 (1)：112 - 125。

[90] 李东平，黄德华，王振林："'不清洁'审计意见、盈余管理与会计师事务所变更"[J]，《会计研究》，2001 (6)：51 - 57。

[91] 刘伟，刘星："审计师变更、盈余操纵与审计师独立性——来自中国 A 股上市公司的经验证据"[J]，《管理世界》，2007 (9)：129 - 135。

[92] 陆正飞，童盼："审计意见、审计师变更与监管政策——一项以 14 号规则为例的经验研究"[J]，《审计研究》，2003 (3)：30 - 35。

［93］马晨，程茂勇，张俊瑞："事务所变更能帮助公司提升审计质量么？——来自二次财务重述的经验证据"［J］，《中国软科学》，2014（10）：109－120。

［94］马晨，程茂勇，张俊瑞，祁郡："外部审计、媒介环境对财务重述的影响研究"［J］，《管理工程学报》，2015（4）65－75。

［95］马晨："外部审计、媒介环境对财务重述影响研究"［D］，《西安交通大学博士论文》，2013年。

［96］魏志华，李常青，王毅辉："中国上市公司年报重述公告效应研究"［J］，《会计研究》，2009（8）：31－39。

［97］吴联生，谭力："审计师变更决策与审计意见改善"［J］，《审计研究》，2005（2）：34－40。